史人文丛书　街道卷

保和場

冯荣光　著

四川文艺出版社

图书在版编目（CIP）数据

保和场 / 冯荣光著. — 成都：四川文艺出版社,2018.12
（2022.1重印）
（成都·成华历史人文丛书）
ISBN 978-7-5411-5236-8

Ⅰ. ①保… Ⅱ. ①冯… Ⅲ. ①文化史—成都—通俗读物
Ⅳ. ①K297.11-49

中国版本图书馆CIP数据核字(2018)第300608号

BAOHECHANG
保和场

冯荣光　著

责任编辑　　张亮亮
封面设计　　叶　茂
内文设计　　叶　茂
责任校对　　王　冉

出版发行　　四川文艺出版社（成都市槐树街2号）
网　　址　　www.scwys.com
电　　话　　028-86259287（发行部）　　028-86259303（编辑部）
传　　真　　028-86259306

邮购地址　　成都市槐树街2号四川文艺出版社邮购部　610031
排　　版　　四川最近文化传播有限公司
印　　刷　　永清县晔盛亚胶印有限公司
成品尺寸　　157mm×235mm　　　　开　　本　16开
印　　张　　16.75　　　　　　　　　字　　数　190千
版　　次　　2018年12月第一版　　　印　　次　2022年1月第二次印刷
书　　号　　ISBN978-7-5411-5236-8
定　　价　　45.00元

总序

　　成华区作为成都历史上独立的行政区划，是从 1990 年开始的，它是一个非常年轻的区。但是成华这块土地，作为古老成都的一个重要组成区域，则有着悠远的历史与深厚的文化根基。

　　"成华"区名，是成都县与华阳县两个历史地理概念的合称，而成都与华阳很早就出现在古代典籍中。《山海经·大荒北经》中曾有"大荒之中，有山名曰成都载天"的记载，有学者据此认为，成都可能是远古时候的一个国名，或者是古族名。华阳之名也一样悠久，《尚书·禹贡》云："华阳黑水惟梁州。"梁州是上古的九州之一，包括今天川渝及陕滇黔的个别地方，华阳即华山之阳，是指华山以南地方。东晋常璩所撰写的西南地方历史著作《华阳国志》便以地名为书名。或许正是因为这个缘故，地处"华山之阳"的成都平原上便有了华阳县，也从此形成了成都市区二县共拥一城的格局。唐人李吉甫在地理名著《元和郡县图志》一书中，对成都与华阳作了更进一步的记载："成都县，本南夷蜀侯之所理也，秦惠王遣张仪、司马错定蜀，因筑城而郡县之。""华阳县，本汉广都县地，贞观十七年分蜀县置。乾元元年为华阳县，华阳本蜀国之号，因以为名。"由此可见，成都与华阳历史之悠久，仅从行政区域角度看，成都从最初置县至今已有两千三百多年，而华阳从唐乾元元年（758）至今也有一千二百多年了。

　　不仅成华之名源远流长，具有丰富的人文内涵，成华这片土地更是积淀着厚重的历史与文化。可以说成华既是一部沉甸甸的史书，也是一首动人心魄的长诗。这里有纵贯全境且流淌着历史血液与透露着浓烈人文气息的沙河，有一万年前古人类使用过的石器，有堆积数千年文明的羊子山，有初建成都城挖土形成的北池，有浸透了汉赋韵律的驷马桥，有塞北雄浑的穹顶式和陵，有闻名宇内的川西第一禅林，有道家留下的浪漫神话传说，有移民创造的客家文化，还有难忘的当代工业文明记忆，还有世界的宠儿大熊猫……

成华有叙述不尽的历史故事。

成华有百看不厌的人文风景。

成华的历史是悠久的巴蜀历史的一部分；成华土地上生长的文明是灿烂的巴蜀文明的重要组成部分。

为了把这耀眼的历史文化集中而清晰地展现给人们，同时也为后世保留一笔珍贵的精神财富，中共成华区委和成华区人民政府立足全区资源禀赋和现实基础，将组织编写并出版"成都·成华历史人文丛书"纳入"文化品牌塑造"工程的重要内容之一。由成华区委宣传部、成华区文联、成华区文旅体局、成华区地志办等单位牵头策划，并组织一批学者、作家共同完成这套丛书，包括综合卷与街道卷两大部分，共计二十册。其中综合卷六册，街道卷十四册。综合卷从宏观的视野述说沙河的过往，清理历史的遗迹，讲述客家的故事，描写熊猫的经历，抒写诗文的成华，回眸东郊工业文明的辉煌成就。街道卷则更多从细微处入手，集中挖掘与整理蕴藏在社区、在民间的历史文化片断。

历史潮流滚滚前行。成华作为日益国际化的成都主城区之一，随着城市化进程的深入推进，对生活在成华本土的"原住民"和外来"移民"，更加渴望了解脚下这片土地，构建了积极的文化归宿。此次大规模地全面梳理、挖掘本土历史，并以人文地理散文的形式出版，在成华建区史上尚属首次。这既顺应了群众呼声、历史潮流，又充分展现了成华人的文化自觉和文化自信。

"成都·成华历史人文丛书"是成华人对成华悠久历史、深厚文化的一次深邃的打量，更是成华人献给自身脚下这片土地的一份深情与厚爱！

书籍记录岁月，照亮历史，传播文化。书籍是人类精神文明的载体，中华数千年的历史文化传承，书籍功莫大焉。如今，中国人民正在追求民族复兴的伟大梦想，通过书籍去回顾历史、展望未来，乃是实现这一复兴之梦的重要路径。

身在"华阳国"中的成华人，也有自己的梦。传承悠久的巴蜀文明，弘扬优秀的天府文化，正是我们的圆梦方式之一。

这便是出版"成都·成华历史人文丛书"的宗旨和意义之所在。

张义奇　蒋松谷

序

保和场，即赖家店，现成都市成华区保和街道办事处。百年来，关于保和命名的由来，官方与民间均无见其说法，亦无文字佐证，诸多"老保和"也不知所云。由此原因，著者穷究其根源，反复求证，"保和"二字，源自《易经·彖传》："乾道变化，各正性命。保合大和，乃利贞。"如此乾嘉朴学般的释名，符合中国传统文化之精义。纵观百年巨变，"保和"已呈吉祥和美之大象，重塑成都之东新城市空间的经济、文化地理。在著者行云流水般的文字叙述中，唯"保合大和"方能彰显出保和街道千年的人文底蕴与百年的人文气质，不失为保和命名的最好诠释。

《保和场》主要以成都东部一座百年老场镇为载体，记述了出入其中其里的风流、风物、风俗、风尚，可谓一种创新的方志体，亦属于一本具有地方性知识的人文地理读物。

志叙百年古镇保和场，著者在体例结构上其鲜明特质有三。

其一，地上历史文化与地下文物为互证，以彰显保和的人杰与地灵。《保和场》的开篇，以"黄尘古道下川东"为题，气象宏阔，如展画卷，娓娓道来。从牛市口到五凤溪，介绍了保和场在成都东部的空间位置。保和场于光绪三十四年（1904）正式建场，是清季华阳县署最后一个命名的建制场镇，为华阳县"东山五场"之一。精彩的是，如此开篇，照应着尾篇的"成都东站的前世今生"，可谓洪波涌起，伏流千里，深得中国园林的对景之美学奥妙。

"百年古镇赖家店"，承述了保和场的赶集民俗、民间游戏，以及"理发师""客家文化的守护者"等民间奇人，活灵活现地志叙了保和场的世俗场景。

"尘封的地下保和"，转述地下文物佐证。保和场的前世华阳县普安乡，属于明代"官山"，明代皇族藩王的墓葬区。上至唐、五代、宋，此地均属皇亲与重臣看重的风水宝地。其中，重点介绍了"后蜀两代帝王重臣"，尤其是后蜀开国大臣赵廷隐墓。为此著者又将读者的目光，从地下墓葬的邛三彩伎乐俑引到了地上风行的后蜀园林，赵廷隐曾在成都城南修造私家园林"崇勋园"，而他的儿子赵崇祚编纂了中国第一部词集《花间集》。此可谓开口小、挖掘深的志叙之笔墨。这样的一种"小题大做"的方法，让小小的保和场，再现唐五代历史文化的一瞥惊鸿，印证了大成都历史文化的厚植底蕴。

其二，家谱与现地研究为互证，以挖掘历史文化，探究树德教育起源所在。家谱，为家族之历史记叙和文化基因，与国史、方志，共同构成了吾国之历史谱系而为互文。在撰写《保和场》时，著者仔细研读了《阳川孙氏宗谱》与《阳川孙氏留川世系分谱》，并以此线索对保和场孙家祠堂开展了田野调查，现地研究。寻根"树德教育"的起源，继而引出了民国十七年（1928）起，孙震在保和兴办"义学"，陆续创办树德一小、二小，继而又办三小、四小的事迹，在积贫积弱、灾难深重的民国难能可贵。至1932年孙震又创办树德初中；再到1937年秋，时为国民革命军第二十二集团军总司令的孙震将军，在出川抗战前夕，创办了树德高中。至此，树德形成了从小学到初中、高中的完备教育体系。树德闻名遐迩，尔后，至共和国时期，仍是成都三大名校（石室、七中、树德）之一并载入史册。孙震办学，纯为国家"作育英才"。作为树德基金，所有筹款无论田地、房产及嘉乐纸厂股款，在契约的主权人上，全部署名"树德堂""树德中学"，以保证学校的所有权，孙震还亲自批注：

这些学校基金，孙氏子孙永远无权过问。孙氏儿子孙辈不得动用学校基金分文，只能当一名常务董事。

在民国四川防区时期，多有地方将领办学现象。但如此纯粹的办学情结，如此持之以恒的教育情怀，唯孙德操将军一人而已。正如孙震《树德学校建校十周年自述》中提到的："匪特足补震少年时无力求学之憾"，此是个人情结；"树木树人之喻，亦即震之素志也。"此为家国情怀。唯此，树德硕果累累，堪为中国西部教育之奇迹，而让后人啧啧称道。

其三，大陆文献与台湾文献为互证，以还原历史文化的本原。在《保和场》撰写中，著者秉承"尊重事实，尊重证据"史旨。著者曾自费专赴台北，查阅相关文献，古旧书店"淘宝"，踏勘现场并访问相关人事，以求还原于历史之本原。著者还曾专门走访了"台湾高中第一学府"——"台北市立建国高级中学"。查阅到国民党前主席马英九先生的《猖狂少年建中时——我的击壤歌之一怀念恩师》，文中回忆了建中老师、孙震之长子孙静山先生的事迹。将军之后，成为中华一代教育名师，凸显了孙氏家族的教育情怀。如此，不囿于偏狭的政治成见，而以大历史的视域去钩沉、衡量孙氏办教育的事迹。作为中国现代教育史一页，其教育遗产，余泽至今，当是经得住秋风萧瑟时光淘洗的。

一书自有一书的义理、辞章与考据。据著者言，《保和场》在开笔之初，面临资料奇缺，且碎片化，从内容到形式，均荒芜一片。幸赖于冯君长期志趣于史地，素有独见；又具长期的散文随笔创作经验，并且成绩斐然；更兼备一向坚韧不拔的意志与精神、严谨的治学态度、田野调查求真务实的作风。让《保和场》作为一本中国最普通场镇的微历史文化书籍，信息量之大，让人叹为观止，著者将其中其里的日月星辰书写得如此丰盈、灿烂、鲜活、好看。

谢天开谨识于戊戌冬月成都

成都市成华区保和场街道规划示意图

目录

黄尘古道下川东

　　保和，自古为成都东部之门户。通往川东、川南和川中的"古东大路"纵贯其境，与成都北部的川陕蜀道、西部的茶马古道共同构成古代四川盆地中心城市成都通往秦陇、中原、荆楚、滇越的交通骨架。令人遗憾的是，这条古东大路很"冷"，几乎让后人忘记了它的存在。甚至，清末傅崇炬所编《成都通览》"成都之旱道路程"一节中也没有记载这条路。我多次徒步寻访这条古道，在那些遗散在龙泉山脉之中荒草萋萋的石板道路上，空山鸟语，松风回荡，仿佛听到了千年古道悠远的历史回音。

从牛市口到五凤溪

摊开成都市地图，向东有三条大道：成洛大道、成渝高速、老成渝公路，这三条大道是保和境内重要的交通骨架"三横"。让人惊异的是，这三条大道的走向基本沿着当年前人开辟的古道，要么重合，要么平行，即使某一段绕行，尔后又并在一起，向东的大方向始终不变。

成洛大道即从成都城区向东经保和场到洛带镇的公路，成洛大道与洛五公路（洛带到金堂五凤）相接，这是成都市区距离沱江最近的一条旱路，四十余公里。明中叶前，它是成都通过五凤溪码头经川南泸州下川东重庆的主要水陆官道，即古东大路的前身。这条官道由西往东的走向是：椒子街、水碾河、牛市口、多宝寺、保和场（赖家店）、西河、洛带，再经铁门坎进入龙泉山五里坡、鲤鱼背、义兴桥、万兴场、将军顶、三百梯、九倒拐、大河坝、五凤溪。不过在明中叶前，除洛带、五凤建有场镇以外，其余都没有场镇，仅为路边的幺店子或只是一个地名，如铁门坎、鲤鱼背、天子应、三百梯、九倒拐。

古人为什么将目光聚焦在这里，开辟一条向东的大路呢？

自汉代蜀郡太守文翁"穿湔江口"以来，将岷江水系与沱江水系联系起来。两江水系的沟通，不仅解决了岷江水患的困扰问题，而且开通了成都平原北部沱江上游水运通道，穿过金堂小三峡与沱江中下游水运相贯通。在漫长的农耕社会，水上运输的经济与便捷大大优于陆路，建设沿江水码头对成都平原经济开发意义重大。"秦汉时期，成都地区几乎改造了所有江河道上的船码头。这一时期，涌现了许多著名的船码头，当时称津。如新都县所属大渡津（今金堂赵家渡）……并以此为依托，建立起了一大批新的城邑名镇。"

沱江边上的五凤溪码头，堪称成都东部距离城市最近的水陆码头，一条近乎直线的距离，将成都平原与沱江航道联结起来。旱路与水路紧密相连，形成一个水陆交通枢纽，上通赵、淮，下达渝、泸，东连川中川东。这条千里沱江航道经年舟楫不绝，川江号子唱响了古老的河道，纤夫肩上的纤绳荡悠着漫卷的历史风云。

东汉末年，刘备在成都建立蜀汉政权。这条东部古道就散落着许多民间传说，尽管没有史料可以佐证，但也决非空穴来风。

东部的龙泉山是成都的天然屏障，军事战略地位十分重要。将军顶位于龙泉驿区万兴乡大湾村，海拔九百二十一米，山峰峭立，地形险要，是龙泉山脉北段最高峰。龙泉山就像一座巨大的屏风，横亘在成都平原与川中丘陵之间。往西看去，东山丘陵和成都平原云蒸霞蔚、气势磅礴。往东眺望，沱江犹如一条玉带蜿蜒于低山浅丘之间，帆影点点、水天一色。茫茫群山，一条黄尘古道穿行其间。在将军顶下的古道，我遇到万兴乡斑竹村十五组村民，七十多岁的老人吴文金，他家就住在三百梯路边坡坎下，一路上他给我讲述了流传在这里的民间故事。

从将军顶望去，不远处一座山峰，名叫观斗山，海拔八百七十五米。传说三国时蜀相诸葛亮曾在山顶观察星斗。龙泉山地势高阔，历来是观星的最佳之处，2013 年 8 月 13 日夜，曾有四五百名天文爱好者拥上龙泉山，观看十九年一遇的英仙座流星雨，场面十分壮观。将军顶扼古东大路要冲，精通军事和天文地理的诸葛亮，在这里布防重兵，视察关隘防务，并在这里观看星象、推演运事，自然也是可能的事。"天子应"是五里坡古道旁幽静清雅的山谷，传说后主刘禅在这里游山观景，走累后在树林中睡着了。随从找不到他，便在山谷中呼喊："太子千岁，你在哪里？"喊声惊醒了刘禅的好梦，他有些不悦地回答："混蛋，老子在山上，还不快来！"这就是"天子应"的来历。至于洛带古镇的得名，传说也与这位后主有关。刘禅到洛带游玩，不慎将所佩玉带掉入八角井中。因讳"落"字，故名洛带。小说《三国演义》中刘禅给读者的印象是"扶不起来的阿斗"，阿斗也成了"昏君"的代名词。小说毕竟是虚构，据史料记载，刘禅是个简朴型君王，出游并无奢侈，更多的是到成都城外亲近自然，骑马射猎，习练弓马。在"天子应"玩玩，也可能是年轻的刘禅视察洛带后放下政务，转转山观观景的一种精神放松和人之天性吧。

明中叶以后，古东大路交通走向发生了重大改变。执掌四川的朱氏蜀藩王强化东出重庆的陆路交通建设，沿途设置驿站，将成渝之间的驿道提升为"官马大道"，即巴蜀之间的"国道"。驿路"自成都锦官驿始，经牛市口、沙河堡、黉门铺、大面铺、界牌铺、龙泉驿、山泉铺、南山铺、石盘铺、赤水铺、九曲铺、阳安驿（简州），长 140 华里。……民国期间，被称为东大路，因其出自成都东门而得名"。

从成都出东门通往洛带、五凤溪的古道，明中叶以后就改称为"东大路北支路"，民间习称"东小路"。"东小路"不再是官马大道，驿传马递的急促铃声在山间渐渐消逝。虽然，官方将其交通功能降格为"支线"，但这反而更刺激了民间商品物流。识途知径的商人，仍然看重这条来往于成都、五凤溪的物流"捷径"。这时，"东小路"的交通功能主要为沱江物流商道和通往川东、川中等地的区域道路，褪去了官方的色彩，回归到民间的本色。

清乾嘉至民国这一百多年间，是四川近代史上第一次大规模城镇建设高潮，成都平原经济区再现超越历史的辉煌，发挥巨大的引擎作用、强势的辐射功能，带动了沱江流域水陆交通沿线场镇的复兴和新建。成都东部这条千年古道出现了前所未有的繁忙，"东小路"上挑运货物的队伍络绎不绝，有时多达三百人。

吴文金将我带到三百梯，山梁上还遗存有完整的石板古道，没走多远，石板路就被野生的杂树、茅草、藤蔓覆盖了，只能低着腰在丛林中穿行，手、脸和衣服不时被树枝和带刺的荆棘划破。再往前走，密集的树藤将路完全封闭了，密密实实，低矮得让人无法钻进，只好放弃继续前行，走回头路绕道到吴文金家。吴文金的家就在三百梯一个斜坡下，黄泥夯土墙四合院掩映在一片绿树之中。儿子们都在外打工，老伴也已去世，只有他一人独守着老屋。

吴文金给我们指点了前往五凤溪的路径，在龙泉山中走了约六公里就到了九倒拐。这里山势的坡度很大，柏树森森，山林空寂，不见人烟。下山的路陡峭迂折，被雨水冲刷，有的路段就没有"路"的概念了，纯粹在碎石和稀泥浆混合的冲沟里，深一脚浅一脚地往下溜，既滑且难行。走下九倒拐大河坝起点的高坡上，可以看到下面盘旋在洛五公路上甲壳虫似的汽车，古道旁立有一碑，叫"青云梯修路碑"，碑体风化严重，字迹无法辨识，隐约可见的字迹表明这块路碑是"清光绪十一年（1886）"所立。经过这次大规模整治，铺砌石板道、植柏树护路基，确保了五凤溪到洛带的交通畅通、安全。碑前还遗存了一段铺砌完整的石板古道，让人凭吊古迹，感怀古风。看来"九倒拐"是民间叫法，"青云梯"才是官方的命名。

从五凤到洛带的货运主要靠人力挑运，当地叫挑夫为"担脚"。

原五凤镇镇长唐仕发给我讲过不少"担脚"的故事。"担脚"分长途和短途，长途指挑担到成都，短途指挑担到洛带。挑子上都要插标记，表明所挑货物的内容，比如：插柏枝丫示意所挑货物是鸡蛋等易碎品，不得碰撞。

唐仕发脱口说出一句民谣："走到九倒拐，钱在包包头甩；爬过三百梯，钱在包包里揣。"这是什么意思呢？二十年前，我常来往于成都与五凤之间，对这段山路非常熟悉。从五凤溪到万兴，全是上山的路。九倒拐又叫"青云梯"，在清水乡十里村，山路十分陡险。担脚们挑着近百斤的挑子，山路狭窄要防着跌下山岩，有时连换换肩都很困难。爬梯坎三步两打杵，汗水像水流。而这里山高林密，地形复杂，如同《水浒传》里晁盖等人劫持生辰纲的"黄泥冈"。这段"无人区"，经常有土匪、"棒老二"出没，打劫货物，弄不好就会人财两空。到了万兴乡斑竹村的三百梯，往下的路就比较平顺，又有人家和幺店子，才能够松一口大气。这句民谣反映出担脚们养家糊口苦力挣钱的艰辛，这条古商道千百年来曾留下不少辛酸的故事。

在五凤溪半边街尽头，至今还有一节被当地人称为"癫巴石"

铺的古道，最大的有一米来长，六十厘米宽。这些大大小小的石条、石墩排列得非常齐整、规范。这不是当地常见的红砂石，是质地非常坚硬耐磨的花岗石，现在也看不出有任何磨蚀的痕迹。这些笨重的石料，不知道是从什么地方采运而来的。五凤溪"活字典"李德富老师告诉我们说，这就是历史上有名的"成都东小路"，沱江古商道的起点。

"没有五凤溪就没有洛带镇"，古镇的居民自豪地对我们说。五凤溪居沱江要津，是水陆物资转口的重要商埠。依山面水"五凤成街"，气势恢宏"九宫八庙"，商贾云集"百舸争流"，攘来熙往"川流不息"。鸣阳码头在历史上曾作为下川东重要的水运码头，高峰时期每天有一百多艘船只往来，下行的船把川西的大米、菜油、郫县豆瓣、丝绸、茶叶、漆器等手工艺品源源不断地运往重庆。上行的船又从重庆、泸州、富顺、内江运来盐巴、白糖、夏布、鸡蛋、烧酒和洋货，然后通过山路经洛带镇转运到成都。因此，当地有民谚云：

> 五凤溪，一张帆，要装成都半城盐；
> 五凤溪，一摇桨，要装成都半城糖。

与水码头五凤溪隔着一座龙泉山的洛带镇，因地处龙泉山区与东山丘陵的接合部，是重要的"旱码头"。东部山区的物资主要靠人力挑运，西部浅丘的物资主要依赖车运——鸡公车和马车运输。来自水、旱码头的货物需要在这里装卸、转运和交换。洛带的商铺、酒馆、茶馆、客店、堆栈、马店、会馆应运而生，长达一公里的街市热闹非凡。

三大会馆（广东会馆、江西会馆、湖广会馆）建筑华美，"二街（上街和下街）七巷"鳞次栉比，洛带因其巨大的商品吞吐能力，从而稳坐"东山第一镇"的交椅。

在东山一带还流传着两句很有意思的民谣：

运不完的五凤溪，搬不空的甑子场（洛带）；

填不满的牛市口（得胜场），装不满的成都府。

这两句民谣生动、贴切地描绘出一幅"天下熙熙，皆为利来；天下攘攘，皆为利往"的成都东山《清明上河图》。

第一句说的是五凤溪的货源之广，再多的人力都运不完；甑子场（洛带）的物资非常丰富，再多的本钱都买不完。第二句说是牛市口市场"胃口"很大，再多的东西在牛市口都好卖；成都府是个巨大的消费市场，再多的物资都满足不了需要。反过来，成都平原盛产的各类物品，也通过"东小路"源源不断地输送到牛市口、甑子场、五凤溪。这就构成了成都东部一条循环往复、闭环式"物流链"。来自沱江的物资经洛带运到牛市口，牛市口成了成都东部平坝区最大的物资集散中心，形成了颇具规模的各种专业市场，如米市、鱼市、海椒市、带带市、羊子市、鸡市、猪市、牛市、香蜡市、烟市；农具、竹器市场、骡马牛饲料市场，还有鸡公车、马车、架架车、大板车人力货场，构成一街一市或一街多市的商品交易市场。牛市口的繁荣带动了华阳东山的农业经济开放和商品流通，由此催生了保和场的正式建场。

保和场正式建场之前还只是东大路北线上的一个幺店子，在洛带与华阳之间的东山区域，西河场、得胜场（牛市口）先于保和建场。按照交通沿线"五里一店，十里一场，三十里一镇"的布局，西河场与牛市口之间还缺少个场镇节点。俗名赖家店的幺店子，其区位优势就被绅粮、大户和精明的小商小贩、手艺人看中。由于牛市口到五凤溪东大路北支线人流物流量不断增大，在这里建房，开商铺经营酒馆、茶馆、药房、肉铺、染织、布店等，做生意肯定发财。坐商的进入，街市很快初具规模，商业人气很快就聚集起来了，又议定了"三、六、九"赶场的场期，赖家店渐渐形成"三街三巷"百年不变的场镇格局。光绪三十四年（1908）九月，经华阳县署发布公告，保和场在赖家店正式建场，跻身华阳"东山五场"。这也是清末华阳县署最后一个命名的建制场镇。

保和场在华阳东山的经济地位和成都东部门户地位一下凸显出来，据民国二十三年（1934）《华阳县志》统计，华阳东山五场户籍数：保和场500余户2000余人，户数和人口仅次于隆兴场（龙潭寺）1600余户22000余人，仁和场（石板滩）1200余户13000余人，得胜场（牛市口）1000余户5000余人。保和场镇户数和人口多于西河场，西河场为415户1476人。保和"东邻龙泉驿区石灵乡，南接三圣乡，西连城区，北靠圣灯乡，东西长7.5公里，南北宽7.2公里，辖区面积28平方公里"。保和场填补了华阳县东大路北支线洛带与牛市口之间区域经济的空白，在华阳东山形成牛市口、保和场、龙潭寺场镇经济"金三角"；牛市口、保和、西河、洛带物流"一条线"，使东大路北支线的场镇布局更趋合理。

　　沉睡千年的华阳东山，在"湖广填四川"后，客家人奉行"占山不占坝"的祖训，垦殖保和的黄土高坡，出现了前所未有的农业开发热潮，曾经冷寂的华阳东山保和出现了渠水上山、庄稼满坡、鸡犬相闻、炊烟袅袅的田园牧歌景象。

凉水井古道的奇闻

从牛市口向东经乌龟坝、五桂桥、杨柳店、赖家坡、凉水井、千弓堰、狮子桥、平安场、四口堰、易家桥、佛爷庙到龙泉同安镇山门寺的这条古道，是成都向东的又一条重要的交通要道。在同安镇往北通往洛带接五凤溪古道，往南通往龙泉驿接成渝东大路。1996 年四川盆地第一条成渝高速公路通车，几乎平行地沿着这条古道方向通往简阳、重庆，出盆地通江达海。

这条古道在成渝高速公路北侧，相距五十至一百米。家住双林盘（现十陵街办双林社区）八十八岁的陈治明大爷给我讲，从赖家坡过来就是凉水井[①]，凉水井在东山上名气很大。过去，凉水井属华阳县管辖，是这条东山古道的重要节点，它西接乌龟桥，东往同安镇，南到大面铺，北通保和场。现在仅石陵镇千弓村十五组剩下一条不到十米的古道和鸡头河上源一座单孔小石桥。

凉水井是个老地名，周边至今还流传着一些古老的传说和神奇的故事。只要你坐在茶铺里，愿意听，年长的居民都会给你摆得绘声绘色。

明朝的时候，这里有个小庙子，当年张献忠的人马路过时将其一把火烧毁，上川客家人来了后看到的只是断壁残垣，就叫它

[①] 1959 年之前此地均属华阳县，1959 年 10 月划归龙泉驿区，现属龙泉驿区十陵镇双林村五组。

"烂庙子"。烂庙子路边有一口古井，井水清澈甘甜、凉爽宜人，路人都喜欢喝这井中的水解暑，因为透心的凉快，人们就叫"凉水井"。当地有个住户，在井边开了个幺店子。有天，一个道士路过这里，在此歇脚，顺口问店主生意好不好。店主搭口说生意不好。道士手指古井说，这酒很美，为啥不拿去卖钱呢？店主用瓢舀来一闻，果然酒香四溢，欣喜若狂。于是，这一路过往客商、抬工、石匠便纷纷盛传凉水井幺店子出了好酒，店主的生意很快就红火起来了。三年过后，道士又路经这里，看见店主发财了，拱手表示祝贺。哪知，店主不仅不感谢，反而一声长叹，埋怨道士说："酒，好是好，就是没有酒糟拿来喂猪啊——"道士摆摆头，也叹息一声，回应道："天高不算高，人心比天高；凉水当酒卖，还说猪无糟。"然后，手指古井，拂袖而去。从此井水不再有酒香了，店主的生意也大不如前了。

陈治明大爷说，这个故事是对贪心之人的惩戒，客家人做事讲厚道，常常用这个故事教育后代，很多人都会摆。果不其然，我后来在考察凉水井原址时，旁边千弓村十五组一位浇菜的农妇，也给我摆过陈大爷摆的这个故事。

凉水井就在古道的旁边，让人称奇的是，它的井圈高出路面几十厘米，无论怎样提取井水，井水始终是满沿的，一年四季井水冬暖夏凉，永不干涸。这里还流传着一句民谣：

天干不淘井，老天不下雨；天干若淘井，天公必下雨。

当地这句民谣，让我不甚了了。陈治明大爷看我一脸疑惑，有点愠怒："嘿，你还不信。五几年，我们这遭天干，村上组织人淘井，我那阵年轻，二十来岁，打个光胴胴就下去淘井。淘到底，就听到井口上哗哗哗下雨了，赶紧爬上来，就看到井水往上涨，慢了不得行，肯定要遭淹。你若不信，问周围的人都晓得。"老人家还真动了脾气。

凉水井的种种传说和神奇故事，在方圆十余里华阳东山一带传播很广，而真正让华阳凉水井闻名于世的是著名的中国音韵学家董同龢先生[①]。

1938 年抗战时期，戴着黑边眼镜，满脸斯文，年仅二十八岁的董同龢随中央研究院历史语言研究所千里迢迢迁入四川，在抗日战争的动荡岁月里，中研院史语所没有停止过学术研究。董同龢参加了中研院史语所主持的四川方言调查。在四川方言调查过程中，董同龢从别的渠道得知"成都附廓以及邻近好几个县份的乡间有异乎普通四川话的客家方言（俗称'土广东'）存在"，只是没有机会找到发音人，问题就一直摆在心里。

1946 年春，中研院史语所对四川方言进行第二次调查，董同龢在成都锦江河畔的四川大学对各地学生进行访问录音时，有幸遇到家住

---

① 董同龢（1911—1963），母家为浙江籍，而宦居昆明。著名语言学家赵元任的助手。1932 年考入清华大学中文系，师从王力学音韵学。1936 年考入中央研究院历史语言研究所。1940 年，参与中研院史语所云南省及四川省方言调查。1948 年，发表重要学术著作《华阳凉水井客家方言记音》。1949 年，随史语所迁台，升任研究员，并受聘台湾大学中文系教授。1954 年出版《中国语音史》。美国哈佛大学访问学者，美国华盛顿大学客座教授。

华阳凉水井的农民卢光泉。在卢光泉的配合下，他花了十六个下午进行记音，经过整理，诞生了这部传世的经典方言学术著作《华阳凉水井客家话记音》，这部著作是客家方言研究的重要文献，材料翔实、内容丰富。1948年发表在《中央研究院历史语言研究所集刊》第十九本，上海商务印书馆发行，引起国际方言研究专家和学者的关注，让凉水井走向世界，让更多的人知道了凉水井。

在这本著作中，董同龢采取了这样一种记音方法：他"先问一些事物的名称或说法，以期在简短的字句中辨出必要辨别的语音。一等到辨音有相当把握，就立刻开始成句成段以至成篇的语言记录"。卢光泉在记音过程中，根据董同龢的要求，积极配合，他有时一个人"摆"；有时一个人扮演两个角色，"其中都是一些家常琐碎，甚至连夫妻口角都有。难得他绘声绘色，给我们这些不易记得的语料"；有时是"独白式的'龙门阵'，中间也偶夹一些对话"；有时在读"他们祭祖时的悼词，颇有跟日常用语格调不同的词句"；"有时像是一个童谣"，"说起来有节奏"等等。董同龢欣喜地感到，热情的东山客家人卢光泉给他提供了不少研究材料，他对"土广东"这一客家方言才有一个初步的认识。在凉水井附近的牛角堰茶铺，我还多次听到客家老人说起，前些年，也有台湾来的学者在凉水井调查客家方言，大概也是受董同龢《华阳凉水井客家话记音》一书的影响吧。这些老人也不无担忧地说："现在年轻人都不说客家话了……"

"湖广填四川"促进了成都东部的开发和建设，龙泉山是成都最大的石材供应基地，成都的重建和周边场镇建设都需要大量石材。龙泉山开采的条石、石柱、石梁、石板、石墩等建筑石材、构件，打制的各种生活石器，如石碾、石磨、石槽、石滚、石对窝等，墓葬用的石棺、碑石、石雕动物等都从这里由人力抬运或鸡公车推运到成都，凉水井古道几乎成了龙泉山石材进城的专用运输道。老保和人可能都记得，民国时期乌龟桥（五桂桥）是座三洞石拱桥，有点类似北门沙河上李家沱中三洞桥。桥面不是弓背形，而是平的，两侧有石条砌筑的桥栏。由于鸡公车和马车长年累月的碾压，桥面上留下一道道深深的车辙马痕，似乎向路人展示着他的百年沧桑。由此可以想见，当年凉水井古道"车辚辚，马萧萧"繁忙的运输场景。

光绪年间，华阳县最大的一项市政工程就是将石板路从东大街一直铺到了牛市口，这些石板都来自龙泉山。它像一个城市的标志，从东大路龙泉、简州方向，北支线洛带、五凤溪方向以及从凉水井方向进城的客商、担脚、滑竿、邮驿、官员、农夫、推车的，看到牛市口水巷子的石板路就知道到离成都府只有五里路，离东门城门洞已经不远了。

凉水井古道不仅是保和向东的第二条物流交通要道，而且还是一条古代及近代隐蔽的"军事秘道"。明末张献忠在成都建立大西政权，他的大西军为了寻找蜀藩王陵墓，也在这一带频繁的活动。千弓村十五组的村民告诉我，民国时期，胡宗南军曾在凉水井经过或驻扎过军队。老一辈都看到过从这里过往的大兵，大家害怕遭抢、遭抓都躲起来。据说打起仗来，如果成渝公路在沙河堡或大面铺被封锁、截断，军队便可以改走凉水井这条秘道。四川省社科院谢桃坊先生在《成都东山的客家人》中曾写道："1964年淘井，由村民卢光泉组织，淘得一批子弹，乃1949年胡宗南军撤退时所弃。"似乎佐证了这个说法。

东边日出西边雨

很多人都纳闷，华阳是成都府的首县，而千百年来华阳东山却是一片炊烟罕见、荒榛丛生、坟茔遍野的不毛之地，距府城如此之近的东部，为什么古人不去开发？

打开成都市区地图，东边有条沙河，古称"升仙水"。以沙河为界，这是成都平原与华阳东山丘陵的分界线。这不仅是地理分界线，也是气候的分界线，"东边日出西边雨"便是这里的气候常态。

有一年夏天，我在庆云南街的"成都日报社"参加一个会，会议结束时，城里大雨倾盆，街巷成河，微信上满屏都是"看海"的惊呼。我家在东三环成渝立交外的洪河大道，好不容易"抢"了一辆出租车回家。车上，的哥一个劲地埋怨这暴雨天气，"堵车、堵车，烦死人了！"我对他说："师傅，过了双桥子雨肯定小，过了五桂桥肯定没有雨。"他诧异地瞟了我一眼，表示不可能。车过双桥子，的哥惊异地说："嘿，你说对了，硬是小雨喃。"过了五桂桥，路面一点水迹也没有，的哥更惊奇了。接近成渝立交，火辣辣的太阳当空照，回望城区依然是黑云压城。为了证实城里是否还在下雨，的哥用车载电话呼叫城里的师兄，电话里说，"城里的雨下得大哦，一直不歇气。玉林中路的'老码头'，可以停航母了。"的哥服了："你咋说得那么神呢？"

不是我神，是十多年来，我城里城外往返次数多了，且留心气候的差异，才摸到了沙河两岸老天爷的脾气。

　　"成都人一般不到东山，清初以前这里是一片不毛之地。成都虽然是经济开发最早的城市，周边地区也被带动发展起来，但近郊东山却始终处于荒僻状态。自古以来，它作为墓葬、采樵、狩猎和放牧的荒原，也作为成都驻军练兵的场所，常住居民十分稀少。……清代大移民以后，这片土地虽然被客家人开发为农业区，但时有土匪与强人出没，因此这里仍然是成都附近一个特殊而陌生的地域。"

　　十五年前，我从成都北门大桥附近迁居东山龙泉驿区洪河镇，便利用闲暇时间对东山一带进行地理地貌的踏勘。这里最严重的问题是缺水，没有一条像样的河流。古人择居，必依水为邻、枕河而居。对居住环境和条件的选择，首要是水，有水才能满足饮用、灌溉、农耕，其次才是舟楫方便。成都东山属亚热带季风气候，丘陵广布，土地贫瘠且严重缺水。黄泥黏土"天晴一把刀，下雨一包糟"，更是让行路、挑担之人刻骨铭心。所以历朝历代都放弃了对东山的开发，东山也就成了地广人稀、无人开垦的处女地。

　　清代中叶，客家人进入东山以后，开始垦荒植种。东山的气候是"靠天吃饭"，每逢天旱地裂，孩童们便唱着"老天爷快下雨，保佑娃娃吃白米。白米饭合猪油，胀死你娃莫来头"的歌谣，祈望老天下雨。为解决吃水和农耕用水，客家人在东山修了许多堰塘用来蓄水，在成都的东北部、东部、东南部大大小小的堰塘星罗棋布，如同洒落了一地白花花的银箔，蔚成东山一道独特的风景。截至民国，东山保和境内有名的堰塘便有：班竹村的大观堰，孙家祠的林家大堰，赖家店的双巴堰、温家大堰，杨柳店的黄家大堰、曹家大堰、魏家大堰，李劼人故居"菱窠"旁的菱角堰。

保和境内虽有鸡头河、长春沟、秀水河三条小河，但基本上属于"季节河"，仅能起到夏季排洪的作用。没有自然河流奔腾不息的源头来水，冬季水流细如游丝。下游河段河床略宽，在水流平缓处也曾筑堰蓄水，比如鸡头河的郝家堰，可供两岸农田用水。东山人望河兴叹，这三条河根本不能解决坡土、高地、丘梁上的农耕用水。

这些堰塘，东山人俗称"望天堰"，全靠聚集雨水，天干大旱之年经常性出现"堰朝底"，有时堰塘皲裂得像砸碎的玻璃四面八方开裂，缝隙之间可以放个拳头。堰塘由几户人，甚至十几户人合伙共用，大多以族人姓氏命名。在春耕用水的季节，这就需要事先各家各户"打商量"了，安排用水的先后次序，不然的话，就会发生纠纷。在东山，每年为"争水"发生争执、吵骂已是家常便饭，也有族人之间因争水升级为武斗，酿成流血事件，造成悲剧的。

东山冬水田多，有些坡地还是一层层的梯田。要从堰塘或冬水田将水输送上去，就要用龙骨水车车水上去。龙骨水车，又叫"翻车""踏车"，由龙头、龙骨、水车桶子以及套在叶子板里的车肠子、水八仙等部件组成，人力水车有坐式和立式两种，此外还有水转筒车。最早的龙骨水车出现在东汉时期，水转筒车则发明于隋唐之际。农耕时代，在我国古代这已经是非常先进的提水灌溉农具了。南宋大诗人陆游在《春晚即景》中对春耕时节农村车水灌溉有着生动的描述："龙骨车鸣水入塘，雨来犹可望丰穰。"

华阳东山一带大多是立式龙骨水车，车水灌田需要耐力和隐忍。东山人说："那是个磨性子的活儿，软脚、疲绵，要一脚一脚地踩，急不得也虚不得。"车水时，两名精壮劳力两臂伏在水车架子上，两脚不断地用力踩动"脚馒头"。其走步的样子犹如在健身房"跑步机"或"计步机"上走步，一刻也停不下来。清人蒋炯《踏车曲》也有对这个劳动场景的细致描述："左足才过右足续，踏水浑如在平陆。"水车龙头带动车肠子、车叶子、水八仙不断地转动，就可以把堰塘里的水通过车叶子和车桶子引向高处。车水时的踩动速度不能慢，慢了水就会往下回流。踩水的人要配合好，如果不"扣手"，"车肠子"还会像自行车一样"脱链"，造成误工，"又费马达又费电"。客家人给车水的高手，起了个雅号，叫作"大搬师"，意思是能够将水从低处搬到高处的大师傅，在农村是很受人尊重的。如果水田的地势落差较高，就需要几架，甚至十几架水车一层层的接力车水，把水"搬"上山，那场面就相当壮观了。

1956 年 10 月，东山水利灌溉工程开工了，这是四川省一项大型农田水利引水工程。这项水利工程灌溉成都东北部以及龙泉山西麓广大丘陵地带，约 33.6 万亩土地。东山水利灌溉工程从郫县两路口（今安靖乡）府河分闸引水，绕过凤凰山北麓经过磨盘山南在龙潭寺进入东山，在赖家店北面流向东南方向的青龙埂、洪河堰、柏合寺。这是一条人工开挖的河渠，1966 年被命名为"东风渠"。

这是一条惠及民生的大工程，听说政府要在赖家店北边一公里处的东风渠修闸开建南三支渠，将水引到保和乡、簧门铺和狮子山，灌溉东山贫瘠干渴的土地，村民们心里犯嘀咕："世人都知道，人往高处走，水向低处流。这下倒好，说是坝子里的水要流上东山，这可能吗？"一些阅历丰富的老阿公更是不相信水能往高处流，他们经历了清朝、民国，一大把年龄，就是没有见到水往高处流的"神话"。他们打赌说："水要上了东山，我手板心煎鱼。"

这项史无前例的引水工程开工后，保和乡党委和政府在下属二十个高级社组织动员了上千名精壮劳力投入了东山灌溉工程的攻坚战。南三支渠穿越保和乡团结社、胜利社、杨柳社、东桂社、东升大社五个农业社，长 6.7 公里；斗渠四条，长 6.5 公里。根据东山地形的落差高度，修建了十八座电力提灌站分布在东山各村社，将水提升到灌溉斗渠、毛渠，实现了保和乡东山丘陵各村社农田水利全覆盖。与沙河以西平坝地区一样，"水旱从人"，自流灌溉，彻底解决了困扰东山的"千年难题"。当引水渡槽像长龙一样贯通保和乡南北之时，他们没有想到的是，这个梦很快就成了真，"神话"变成了现实。更没有想到，祖祖辈辈用了一千多年的龙骨水车真的要闲起来了，"马放南山，刀枪入库"。

1957 年 4 月 28 日，东山灌溉工程第二期工程南三支渠正式通水，当清亮泛绿的河水通过十八座提灌站"爬"上东山，滋润着干渴的土地，两岸欢声雷动，人们奔走相告。那是一个盛大的节日，从此，保和人宣告东山缺水时代一去不复返了！那位说"手板心煎鱼"的老阿公，两眼噙着泪花，激动地说："灌县都江堰的水流上东山，那不就是一个梦吗？"

五十年过去了，保和彻底告别了农耕时代，全域实现了城市化，南三支渠完成了它的历史使命。在东三环路倒石桥人行过街天桥上，看到桥下奔驰的车流，像一页一页快速翻动的日历，让人生出"沧海桑田"的感慨。老保和人当然不会忘却，南三支渠钢筋水泥引水渡槽虽然已经"光荣退休"了，但它依然像一座巨大的水利纪念碑屹立在东三环路，承载着保和东山人的千古一梦，让人回味五十年前万人大战东风渠"火红的年代"。

百年古镇赖家店

　　17 世纪末，明朝灭亡，清定天下。随即长达一百多年的"湖广填四川"移民运动，像汹涌澎湃的钱塘江大潮，一波又一波地涌入巴山蜀水。来自鄂、湘、粤、陕等省的移民辛勤地垦殖四川，他们渐渐地抚平了战乱的伤痕，给巴蜀荒芜、萧条的城市和乡村带来了经济复兴和战乱重建的生机。乾嘉以来，成都府华阳县的场镇建设出现前所未有的新高潮。清光绪三十四年（1908）九月，华阳县署宣布在西河场与得胜场之间新设立一场，叫保和场。傅崇炬《成都通览》："即赖家店也。"

保和场又叫赖家店

保和场又叫赖家店，就像得胜场又叫牛市口一样，前者是官方命名，后者是民间俗称。"名为万物之始"，大凡命名，都有一番考究，或以属地命名，或以典故命名，或以寓意命名，或以地理方位命名，或以人名命名。

"赖家店"的得名，据传与姓赖的人家有关，这故事流传了上百年。古东大路边有一棵古老苍劲的大黄葛树，冠盖若云，像一把大伞遮阴蔽阳。"大树底下好乘凉"，夏日炎炎，过往客商都喜欢在树下歇息，抽一袋烟、摆摆龙门阵，然后各自赶路，彼此相忘于江湖。客家人大量进入华阳东山以后，古东大路人气渐渐旺盛了。赖姓人家在这棵黄葛树下居住下来，传说是为蜀王陵守墓的。为了给过往行人歇脚、饮水、打尖提供方便，也赚点钱养家糊口，就以家为店开了一个幺店子，路人称其为"赖家幺店子"。为了顺口，干脆就叫"赖家店"。以后，不断有人在这里开铺子做生意，逐步形成街市。保和建场后，当地人为了纪念赖家人开创场镇之功，民间一直把官方定名的保和场习惯性叫作"赖家店"。

无独有偶，在北门凤凰山下也有一个赖家店。大凡在凤凰山郊游或祭祖扫墓的，都知道这个赖家店，赖家店距凤凰山东南角只有一里路，是旧时城里人出北门经驷马桥、羊子山到凤凰山游玩和祭祖扫墓的必经之地，也是北门通往新都大丰、龙桥和彭县的一条便道。清明

▲ 金牛区保和乡地名图　　　　　　▲ 保和乡（赖家店）平面图

▲ 保和场（赖家店）旧貌　杨光福摄

节前，卖香蜡钱纸的、卖风味小吃的、卖凉糕凉面的、卖时鲜水果的小商小贩云集凤凰山下，也吸引了周边的农民摆摊卖菜，做点小生意，渐渐形成一个小集市。在凤凰山祭祖或扫墓的人家通常都会在这里歇歇脚，喝茶、吃饭，也顺便买点当地的土特产。赖家店在北门也有不小的名气，小时便听邻居吴妈说起过赶北门赖家店的事，她的三哥是青龙公社将军碑附近的农民，进城来吴妈家走人户，也常提到赖家店。将军碑离凤凰山赖家店很近，吴妈回三哥家走人户，也赶过赖家店。吴妈在院坝里摆过赖家店的龙门阵，打小就耳熟。

北门凤凰山赖家店自2005年开始拆迁，到现在只剩下三户人家了。赖家店十五号住着陈绍友和他的老伴，门前一块地种着花生，陈绍友在地里用锄挖花生。他言语不多，还是他的老伴在一旁帮腔，陈绍友才像挤牙膏一样吐几句话。他已经七十五岁了，就在凤凰山下长大、成家。这片花生地过去是一个叫廖玉珍的女人的家，她死了好多年了。以前有个廖家醋房，不在街上，在乡下。因为修建凤凰山高架桥，周围的房子都拆了。房子拆了，廖家宅基地荒着，陈绍友就种上了花生、红苕。据他的老伴和邻里讲，赖家店过去有一里多长，逢场天，新都、新繁、彭县、天回镇、驷马桥都有人过来赶场。

离北门赖家店不远，就是明朝第一代蜀王朱椿嫡子朱悦燫[1]之墓。墓葬位于现成都市金牛区北星大道以东，凤凰山公园南门西侧。朱悦燫墓与凤凰山浑然一体，在杂草、油菜地和绿树丛林之间看不出陵墓的形状，只见菜地中有一间简陋的民房，墙壁上写着"金牛文管所"

---

[1] 朱悦燫（1388—1409），是明太祖朱元璋第十一子蜀献王朱椿之长子，卒于明永乐七年（1409），谥号"悼庄世子"。

几个大字。墓园没有任何标志，我怀疑没有找对地方。向种菜的村民打听，他们说："今天停电，门锁着的，看不到地宫。"有一道铁门锁着，证实这里就是朱悦燫墓了。虽然地宫进不去，但也感觉到了以山为陵的王者气象。

朱悦燫是明朝第一代蜀王朱椿的长子，年仅二十一岁就英年早逝，但他的墓葬规制却大大凌驾于比他晚些的位于华阳东山众多的蜀王陵之上。这又是何原因呢？民间传说，朱椿痛失爱子，认为儿子生前没有享受到蜀王的待遇，便将自己的陵寝让给他，让爱子在阴间享受蜀王的威仪和尊贵，此所谓"子葬父墓"。

朱悦燫与华阳东山十陵青龙湖一带其他明蜀王陵建制相近，但墓室规模宏大。如果就墓室大小而言，朱悦燫墓是成都明代古墓葬中最大的一座，也最让人震撼的一座。地宫模仿蜀王府形制建造，由工部遣官造坟。"砖石砌筑大型券拱门，地宫长三十四点七米，顶高两米。依次有大门、正门、正殿、中殿、圆殿、后殿、两厢配殿、墓室，仿木结构砌筑，琉璃瓦覆盖，涂朱刷金，雕梁画栋"①，细节装饰尤为华丽。墓室大门外是石砌金刚墙，金刚墙外是宽约六米的斜坡墓道。出土各类器物共计五百五十余件，有陶器、铁器、玉器、漆器、铜器等，其中以五百余件成都琉璃场烧制的"邛三彩"陶俑为主，有武士、乐、侍、文官、车舆仪仗五种，色彩艳丽。四川省博物馆展出过这一组陶俑，再现明代蜀王府官仪，的确气势非凡。

自古，有盗墓者就有守墓人，两者犹如猫、鼠关系。盗墓是一个

① 丘富科编著：《中国文化遗产词典》第282页，文物出版社2009年版。

▲ 车水灌田　蒋松谷绘

古老的职业，盗墓者像幽灵一样四处游荡，让死者家属和后人惴惴不安。盗墓同时也衍生出守墓这项职业，在古代，守墓人多是与死者有宗亲血缘关系的。守墓人如同忠诚的卫士专司保护陵墓，防止墓葬被人盗窃、防止陵墓因自然因素而垮塌损坏。而且，守墓人还可以耕种墓地附近的祭田，以此来养活自己和家人。"抄祖坟"，自古以来是一种恶习，仇家常采取这种"掘墓"的极端方式，打击对方，或以此威逼对方就范。墓主后人往往要采取防范措施，保护祖坟的安全。

据史料记载："天下藩王，唯蜀府最富。"历代蜀王墓葬中的珍奇宝物甚多，都是盗墓者所觊觎的。朱悦爌安葬后，蜀王朱椿就将凤凰山划为蜀王府墓地，开始作为蜀王府的墓葬禁区。也就是说，对凤凰山全面实施"军事管制"。这时朱悦爌墓的守墓者，应当是蜀王府护卫军负责守护。明《蜀中广记》曾记道：学射山（今凤凰山）"今为蜀府坟墓，此游遂绝"。由于蜀王府下了这道禁令，从此成都人在凤凰山游览的习俗、习射之风尚均遭到官方禁绝，一直到明朝灭亡，凤凰山才解禁。

那么，凤凰山赖姓人家究竟是不是蜀王府里的人？先有东山赖家店还是先有北门赖家店？两个赖家店之间有没有某种联系？笔者带着种种疑问，对两处赖家店进行了多次实地调查，并查阅有关史料，做出推测，以解开这一谜团，仅为一家之言。

崇祯十七年（1644）八月，张献忠攻陷成都。他下令："凡王府室支，不分顺逆，不分军民，是姓朱者，尽皆诛杀。"张献忠出于对朱明王朝的深仇大恨，对成都蜀王府所有朱氏宗亲斩尽杀绝，不留活口，史料多有记载。据清沈荀蔚撰《蜀难叙略》记载："（蜀）王府宗室暨家口数万人，皆杀之。"费密在《荒书》中记录："遣贼兵（张献忠农民起义军）捕蜀王府宗室，凡匿深山穷谷者无不毕获，杀之。"这就是说，朱氏宗亲一直遭到追杀。

推测一：如果朱氏宗亲被灭绝，赖姓人家很可能是蜀王府守墓护卫将官的后代，因为他们才有资格效忠蜀王府的主子，家奴仆人为主子守墓自古就有这个传统和规矩。

推测二：朱氏宗亲有侥幸漏网者，为避免杀身之祸，从此隐姓埋名，混迹民间。躲过大屠杀的风声后，改姓为赖。墓场及其周边远离城镇，且已荒疏，人丁稀少，是相对安全的地方，于是在东山立足，借此避难。

推测三：镇国将军朱平鼎，是蜀王母弟、富顺王次子，成都城破后，逃到荥经，组织残部与大西军作战后失败，这支王室后裔也不知所终，隐匿于江湖，后人或许改姓后潜入成都。

张献忠之后，接着满人入川，明朝灭亡。结束了近百年的明末清初的战乱后，四川渐趋太平，客家人大举入川。人口增多，四方杂姓，赖姓人家就分别在凤凰山和东山蜀王陵附近扎根，亮出自己的守墓身份也没有什么危险了。姓赖的很可能是一个大家庭，父子或兄弟做了分工，有去北门凤凰山的，凤凰山是最早的蜀王墓葬区；有去华阳东山的，华阳东山是蜀王墓葬集中区。明朝灭亡后，凤凰山、东山不再是蜀王府禁区，上坟的、郊游的、做买卖的多起来。失去了蜀王府的经济来源，开个么店子，既履行守墓之职也解决生活来源。

类似的例子在江西也有。宁王朱权（1378—1448）是朱元璋第十六子，朱权死后葬在江西省新建县石埠乡璜源村缑岭东麓，附近还有宁靖王朱奠培和宁康王朱觐钧墓葬，是江西省最大的明代地下墓葬群。璜源朱家自然村全是朱姓，据说是宁王朱权后裔于清初在此聚集而成，自食其力，成为朱权的守墓者。这些守墓者的身份也充满了神秘。有的认为是护卫军士在此驻守，守墓的军士为效忠主人，都改姓为朱，经几代繁衍后成了一个大村庄。也有人认为，朱权晚年修道，且无兵权，不可能有护卫军士为其守墓，守墓人应为朱姓家奴。

成都府的情况就远比江西复杂，朱氏宗亲几乎被诛杀殆尽。明末大变局后，也只能有以上三种猜测。北门这一支，凤凰山蜀王陵相对比较少，赖姓家人可能要少一些；在东山这一支，蜀王陵散布的范围比较广，赖姓家人可能要多一些，活动范围要广一些，从华阳东山（现保和境内）留下的赖家店、赖家坡、赖家新桥、赖家坟山等几处地名，或许有些端倪可见。

据客家文化民间研究者杨光福先生提供的保和场居民姓氏，按人口数量排序，有杨范冯黄钟廖曾，苏刘陈谢严罗林，唐张叶朱李卢温，吴卓郑邱赖白凌。从排名中看出，在赖家店居住的赖姓却很少，排在后三位，几乎被客家人淹没了。

两个赖家店孰先孰后，难分伯仲，这也不重要了，但两者之间必然有密不可分的亲缘关系。如果按照君臣父子的排序，朱悦燫是第一代蜀王朱椿嫡子，其墓在成都城北凤凰山，守墓者应是赖家的长辈；其子朱友壎僖王陵位于数十里外的城东十陵青龙湖畔的正觉山，此所谓"子远父陵"，守墓者应是赖家的子辈。无资料可以佐证，赖姓后人也无处寻访，这仅是一种推测，权当茶余饭后的消遣龙门阵。

到了清末，距明王朝灭亡已二百六十多年了，赖姓人家也过了几代，赖姓守墓也只是一种象征和身份卑微的显示。2000年以后，因为东山一带陵墓与丘坡、土包融为一体，庄稼、树木、荒草、林盘和野冢在这片大地上混合为一片浓郁的绿色，哪座墓是谁的已分辨不出来了。我在赖家坡、凉水井、青龙村一带做田野调查，因城市化建设人口大增，许多地方面目全非、高楼林立、大道纵横，连一些大的土包也没有了。因为这一带墓葬出土比较多，除了文物部门搞得清楚，当地老百姓也闹不清谁是谁，也说不明白，便统称为"皇坟"。

清末，华阳县署将赖家店命名为保和场，为什么没有保留赖家店这个民间称谓呢？其中有什么典故和寓意呢？我曾采访过不少老保和人，有离休的老干部，有普通公务员，有摆菜摊的农民，有做生意的老板，老中青都有，问到"'保和'这个名称是怎样来的？有什么说法？保和的前身是什么？"许多人回答都是"不知道""不清楚"。赖家店为什么取名保和场之间，的确难倒了许多人。

先说说保和的前身是什么。

自唐肃宗乾元元年（758）改蜀县为华阳县后，在唐、五代、宋、元这长达六百多年里，保和均为华阳县普安乡，没有改过名。保和境内出土的历代文物佐证了这个事实。从以下古墓葬中发现的墓志铭可以肯定，普安乡之名从唐代起一直延续到元朝，普安乡为保和乡前身是确凿无疑的了。

普安乡大致范围，北界至今之跳蹬河，南界至今之三圣乡，东界至今之十陵镇青龙村、双林村，西界至今之府城附郭地带。

1977年在保和公社光荣大队（现天鹅社区）发现五代后蜀重臣张

虔钊墓，墓志铭记载："葬于蜀国东郊华阳县普安乡白土里高原。"

1985年，在五桂桥成都无缝钢管厂三号门附近发现五代后蜀彭州刺史徐铎墓，据墓志铭记载："广政十五年岁次壬子四月丙戌朔日葬于华阳县普安乡沙坎里之茔礼也。"

2015年新发现的《宋高平郡范氏诔文》，是北宋宣和元年的诔文石刻原件，诔文的诔主为北宋著名史学家范祖禹的侄女范沂。范沂死后，诔文记载："今其子卜以宣和元年四月十六日，奉其丧葬于华阳县普安乡白土里。"

1956年在保和乡倒石桥发现四座元墓。墓志铭刻有："故管军千户高公夫人杨氏墓"，"系皇庆二年（1314）二月十七日以疾终……葬于华阳县普安乡艮山之原。"

另据冯家坝《冯氏族谱》，分别有"十四世祖公冯国珍……道光年迁葬于华阳县东门外地名多宝寺白土里老屋后林盘嘴"，"十六世祖公冯如楷……道光二十五年（1846）四月十一日寅时告终，葬于华阳县东门外地名多宝寺白土里老屋后侧近林盘嘴"，"十七世祖公冯腾辉……于光绪年迁葬于华阳县东门外多宝寺白土里老屋后侧近林盘嘴"的记载，明白无误地说明，"普安乡白土里"延续到清末光绪年间的事实。

里，是古代地方行政组织，近似现在的村。自周始，后代多因之，其制不一。《旧唐书·食货志上》："百户为里，五里为乡。"到了明代，里甲制又有新的规定，即农村每里人户为一百一十户，达到一百一十户才能设立"里"，一里中推丁粮较多的十户为里长。其余百户为十甲，甲设甲首。

十四世祖公馮諱國珍　姚古鍾何孺人所生二女四子　長子悅儒傷貢

　　　　　　　　　　　　　　次生悅信傷藍生　三悅倖無後俱係鍾姚生　四悅俊傷何姚生

　　　　長女出嫁林姚傷古姚生　次女出嫁徐姚係鍾姚生　註國珍公

　　生於康熙辛卯年八月二十四日子時卒於乾隆丙午年七月

　　十二日亥吉地在新津縣牧馬山鄧家灣小地名五指山復於

　　嘉慶二十年乙亥歲十月二十日未時原地安葬內葬乙

　　山兼辰外向戌山兼辛後於道光年遷葬於華陽縣東門外地

　　名多寶寺白土里老屋後林盤嘴吉地丁山癸向

此係四川華陽間基創業之祖在多寶寺側近自置屋場一座

　　　　古姚生於康熙乙未年正月二十四日巳時卒於乾隆丙午年

　　　　七月十一日酉時葬於華陽縣多寶寺白土里老屋後吉地申

　　　　山寅向

　　鍾姚生於康熙壬寅年九月初五日　時卒於乾隆庚辰年

　　月　日　時葬於華陽縣白光寺河背葉家寺廟後買得李姚

　　地方吉地巽山兼巳蓮期在乾隆二十九年乙酉歲八月初十

　　日丑時

　　何姚生於雍正壬子年三月初七日丑時卒於嘉慶十三年戊

辰歲三月初五日未時道光四年甲申歲十月二十五甲申日

▲ 冯家坝《冯氏族谱》　冯荣光摄

墓志铭中提到的"白土里""沙坎里"中的"里",大约相当于现在的行政村,但人口没现在多,管辖地盘却比现在的村要大得多。"白土里""沙坎里"就是白土村、沙坎村。

"白土里"范围大致西界沙河五桂桥、多宝寺,东界现在的十陵镇青龙村、凉水井,南界现在的洪河、三圣乡,北界跳蹬河、龙潭寺,与现在保和街道辖区管辖范围大体相近。"沙坎里"就是现在的五桂桥乌龟坝,西界接近府城。原金牛区保和乡管辖的范围大致就是历史上的白土里、沙坎里。

到了明代,华阳县署将普安乡靠近现十陵一部分、原灵池县强宗乡划为积善乡,积善乡所辖范围大致包括现成华区青龙、跳蹬、龙潭和龙泉驿区十陵。从以下明代墓葬记载可以了解那时属地的管辖范围。

1979年春,在十陵街道辖区大梁村八组发现明僖王陵,在《大明蜀僖王圹志》上记载:"宣德十年(1436)三月十三日葬于成都府华阳县积善乡正觉山之原。"

1982年,在青龙乡向龙大队五队凌龙春家,有20世纪50年代在菜园地里挖出的一块明代张仁将军墓志铭,上刻有:"……公之生华阳积善乡之祖。"

从古代墓葬记载中,我们可以看出,从唐代蜀县改为华阳县始,在华阳东山这一大片区域,农业人口稀少,是成都东部王室和官家的重要墓葬区,古来就有"官山"之称。特别是到了明代,几乎成了蜀王府划定的墓葬特区,历世亲王、郡王、镇国将军、辅国将军及其子女眷属、太监等陵墓多达上百座,面积十余平方公里。明嘉靖四十三年(1565)喻茂坚《重修观音桥碑记》:"成都去城七里有沙河,近东景山之寝园，车马必经之路。"将华阳东山称为"东景山"。重修观音桥，是为了确保十一代明端王朱宣圻祭祀祖先前往东景山道路畅通。可见在明代中后期，蜀王府墓葬陵园已形成相当的规模了。

知道了保和的前身，那么，"保和"之名又是怎样来的呢？

保和二字，其实取之于"保合大和"头尾两字，源于《易经·象传》：

乾道变化，各正性命，保合大和，乃利贞。

这里的"大"读作"太"。《广雅·释诂一》解释说：大，"后世还言，而以为形容未尽，则作太。如大宰俗作太宰。大子俗作太子，周大王俗作太王是也"。"合""和"二字均见于甲骨文和金文。合和，就词义本身而言，"合"是结合、合作、融合，"和"指和谐、和平、祥和，"合和"就是匹配、联合，和谐、和睦之意。"和合"思想是中国古代思想文化的精髓，是中国古代最优秀的文化之一，对后世影响极大。

民间传说中的"和合二仙"，是中国民间神话中的和美团圆之爱神，流传很广，是中国传统文化"家庭和合，婚姻美满"的象征，早已深入人心。随着历史的变迁，时代又赋予"和合二仙"新的象征意义，它是"和合文化"的象征，也是"和谐社会"的象征。

北宋时期，曾经彼此对立，又缠斗不息的儒、释、道三教，慢慢发生着包容的变化。重庆大足石篆山摩崖石窟中出现了十分罕见的"三教合一"造像区，第六窟为孔子及十哲龛，第七窟为三身佛，第八窟为老君龛。这是北宋元丰五年至绍圣三年（1082—1096）开凿而成，为什么会将彼此不相容的三教合在一起呢？寄予人们什么愿望呢？在石篆山门门楣上刻有"圆融和合"四字，似乎对此做了中国古代哲学意义上的诠释，让人意会。分与合，既对立又和合，和合是大道，圆融则是境界。

"乾道变化，各正性命，保合大和，乃利贞。"这是《易经·象传》对"利贞"的解释。"乾道"即天道，天道的变化使得万物各得其性命之正。天所赋为命，物所受为性，万物由此而具有各自的禀赋，成就各自的品性，通过万物协调共济的相互作用，达到了最高的和谐，称之为"太和"。天道的变化长久保持"太和"状态，而万物各得其性命以自全，这就是"利贞"了。万物如果能够保持它给予性命和合功能的原始状态，才是真正大利而贞洁的生命。

北京故宫（紫禁城）作为中国明清最后两个封建王朝的宫廷建筑，处处体现着帝王的至高无上。故宫著名的三大殿，建成于明永乐十八年（1420），明代分别命名为奉天殿、华盖殿和谨身殿。清一统天下后，顺治二年（1645）将奉天殿、华盖殿和谨身殿改成太和殿、中和殿、保和殿，其名就是取之于《易经·象传》"保合大和"。三大殿是清朝皇帝行使皇权的最重要的场所，所以它的名称具有特殊的政治含义，寄予着天下"和合"的思想。

太和殿是皇帝临朝办公的地方，保和殿位于中和殿之后。清朝每年除夕和元宵，皇帝在此宴请王公贵族和文武大臣，到乾隆年间，把三年一次的殿试由太和殿移至保和殿举行。通过人才选拔，借以保持社会的大和谐，使天下长治久安，清王朝可谓用心良苦。

中国古代帝王也常常以"和"作为年号。最早使用"和"字做年号的是汉武帝刘彻，"征和"就是汉武帝公元前92年—公元前96年的年号。使用"和"做年号最多的是宋徽宗赵佶，从1111年—1125年十四年间就先后用"政和""重和""宣和"为年号。不独汉族政权，少数民族政权也有以"和"做年号的，辽圣宗耶律隆绪，983年—1011年二十九年间的年号为"统和"，金章宗完颜璟，1201年—1209年八年间的年号为"泰和"。

在四川场镇命名中，以"太和""中和"命名的场镇重名的比较常见，而命名"保和"的除了成都市成华区保和外，仅见资阳市雁江区保和镇与之同名。1909年资阳县建阳化乡，1940年将阳化乡改为保和乡，1951年将保和乡设置为保和镇，比成都市成华区保和场命名晚三十二年。所以，在清代及清代之前，四川唯独只有成都府华阳县命名的保和场。

华阳县保和场自清末建场以来，将近百年，有一个很奇特的现象。保和场管理的农村范围很广，从府河城边上的点将台一直要连接到现在的三环路十陵立交桥边上。1949年以后，由于行政区划的不断调整以及区乡的撤并，乡政府驻地就没有设在保和场街上。保和乡政府驻地先先后后搬了很多地方，在牛市口、万年场、跳蹬河、五桂桥、十陵立交都办过公。直到乡政府和街道办合并后，街办才在保和场附近的和顺社区落脚。不论是旧时的华阳县，还是后来的大成都，乡一级政府驻地都设在所在场镇上，但保和却是个罕见的孤例。

"保合大和，乃利贞"，这段话的现代解读就是，一个国家或一个地区拥有并保持和美、和谐的社会生活大环境，保证人民生活的安康、幸福、美满、文明，这就是大吉大利。

　　一百年前华阳县署命名赖家店为"保和场"时，四川近代史上第一次城镇建设让这片刚刚苏醒的处女地出现了千年未有的生机和活力，时代对华阳东山开发寄予了希望，希望这片曾经荒凉、贫瘠、干渴，"万物萧疏鬼唱歌"的不毛之地，能够得到合理的开发利用，和谐共生，协调发展。一百年前，那还是一个美丽的梦。

　　百年后的保和，才真正实现了"保合大和"，不再是梦，而是人们新生活的常态。曾经的黄尘古道，已被高铁、地铁、高速公路、城市快速通道所代替；曾经的"茅屋为秋风所破"，已被"高大上"的居民小区和商街高厦所代替；曾经的"望天堰"，已被自来水管网所代替；曾经的"亮油壶"，已被无数璀璨的灯光所代替；曾经的"通信基本靠吼"，已被短信、微信所代替；曾经的赖家幺店子，已被气势恢宏的东部城市新区所代替。

　　"保合大和，乃利贞"，无疑这是现在保和街道最具中国传统文化和大"和合"思想的文化名片，也是保和命名的出处和对它最好的诠释。

雷打不动的"三、六、九"

"赶场了——",每到赶场天,村子里就有人长声吆吆地招呼各家各户要去赶赖家店的人。于是,有人将自己编的箩筐、背篼、竹箅带上,有人在鸡笼里抓上两只鸡,用谷草拴了脚,丢在背篼里,有人吆着猪崽⋯⋯赶场的人像一条条涓涓细流,从乡间小道或从古东大路向赖家店汇聚,一条长约一公里的赖家店渐渐地开始喧闹起来。在传统农业社会,赶场,对保和人来说就是过节,客家人最喜欢的节。

当年,华阳县为了协调东山"金三角"场镇经济,将保和场的场期定为农历"三、六、九",牛市口的场期定为农历"一、四、七",龙潭寺的场期定为农历"二、五、八",对东山客家人来说,那就是天天有场赶。不赶赖家店,就赶牛市口;不赶牛市口,就赶龙潭寺。"文革"以后,不再沿用农历,改为公历纪日,场期按公历三号、六号、九号日期顺排。

保和场在华阳东山"金三角"中按规模排名老幺,但也有四个"三",即"三街、三巷、三坝、三庙"。三街,为上中下三街;三巷,为菜市巷、和平巷、鸡市巷;三坝,为米市坝、菜市坝、猪市坝;三庙,为三官庙、城隍庙、地母庙。20世纪50年代,保和场鼎盛时期有肉铺四家、布店二家、染坊一家、饭馆六家、茶铺七家、酒馆五家、面馆二家、糕点店二家、烟铺一家、醋坊一家等,后来又有了小镇上唯一的两层楼房——保和乡供销社。

▲ 赖家店的赶场天　冯荣光摄

▲ 来龙村"赖家店"的"三、六、九"赶场天　冯荣光摄

　　一到赶场天，保和人或肩挑，或背驮，或用鸡公车把自家生产的蔬菜瓜果或鸡鸭鱼肉运送到场上来出售。场上的居民也沿街为市，摆摊设点，出售各种生活用品。还有从城区和东山其他乡场来的人，也带着五花八门的货物来赶场。还有一些民间艺人、江湖医生前来卖艺售药。一时间保和场是万商云集、百货杂陈、人头攒动、拥挤不通。

　　上午十点到中午时分，是场上最红火的时分，整个保和场上人声鼎沸，喊价声、还价声、吆喝声、喧哗声此起彼伏，热闹非凡。中午过后，渐渐开始散场，两三点钟以后，赶场的人陆续散尽，场上又重新安静下来，热闹的中心开始转移到茶铺。

　　保和场茶铺的数量，在各种店铺当中数量最多。大茶铺就有曾家、范家、黄家、温家、林家、严家、叶家等七家，每家可同时接待一百多个茶客。还有好几家逢场天才开门的小茶铺，每个茶铺也能坐二三十个茶客。

　　赶完场，办完事后，到茶铺里坐一坐，与老哥们、老乡亲喝碗茶，摆摆龙门阵，冲一会儿壳子，既是一种感情联络，又是难得的放松和享受。茶铺里的茶不贵，花茶、素茶、沱茶都很便宜；如还嫌奢侈，可以叫来一碗"玻璃水"（白开水），那就够节俭的了，老板也不会嫌弃，来的都是客，茶铺就要这个人气。

　　对于那时的保和人来说，茶铺是一个集休闲、议事、聚会、联络、交流信息等功能于一体的好去处，当然，那只是对男人而言。人们坐在有靠背的竹圈椅里和无靠背的竹凳子上，天南海北、海阔天空地传递着各种的信息。浓烈的叶子烟味和着"老虎灶"开水的蒸气弥漫在空气里，慢慢地凝聚成了客家人浓浓的乡情。

除了赶场，保和场几个会期在东山一带也很有名气。从建场至20世纪50年代初期，每年正月有龙灯会。从正月初九开始至正月十五农历大年，历时一周，每天都有龙灯在场上游走。正月十五晚上闹元宵，挂彩灯，放烟花，最后耍火龙，烧火龙，热闹异常。

每年阴历二月二十一至二十四叫"赶农会"，在三官庙坝子举行，正式会期为三天半，实际上有些习惯赶早的人，在二月十八就提前到会了。农会的主要活动是买卖镰刀、锄头等农具，兼及日用百货和土特产交换，是一个大型的物资交易会。农会期间要举行一定的民俗游艺活动、民间文艺表演以及川剧演唱等。本乡和东山各乡镇的人们纷纷赶来参加，甚至还有一些外县外省的客商，年年都前来赴会。

每年阴历的七月初七叫"城隍会"，那一天保和场上的民众把城隍庙里的城隍老爷抬了出来，在各街各巷巡游，叫作"城隍出驾"。城隍老爷的法驾后面，有化装游行，一些人扮成牛头、马面等鬼怪招摇过市。追随者兴高采烈，围观者挤满街道，盛况空前。

2008年，在城市化建设的浪潮流中，百年老场镇赖家店终因水、电、气、路、给排水等基础设施缺失，场镇房屋脏、乱、差和消防隐患问题突出，作为成华区改府"城中村"改造项目整体拆除。保和场人习惯了的"三、六、九"，被雷打不动地转移到距赖家店鸡市巷一里开外的地方，龙泉驿区十陵街办管辖的来龙村三组。保和人自我解嘲，说："赶赖家店这下好了，赶到人家龙泉那边去了。"不过，来龙村的人也乐意赖家店"呼叫转移"到他们这里，他们腾出地盘，搭建大棚，让"赖家店"落户在这里。

今年六月，老保和陈开春带我赶了一次来龙村三组的"赖家店"。之所以保和和近邻十陵来龙村的居民依旧叫这里为"赶赖家店"，是因为百年赖家店情结使然，赖家店"形"没有了，但"神"还留在这里，大家依旧怀念那种人声喧哗、摩肩接踵的"赶场"热闹场景。

那天逢"三"，八点半钟，我们赶了个早，来到来龙村"赖家店"，这里就已经人声鼎沸了。长约一里的"赖家店"，摊位一个紧挨一个。保和与来龙村居民大多已经被"城市化"了，新建小区周围超市、百货店、小卖部非常方便，但"农转非"后的人们还是习惯"赶赖家店"。一是喜欢凑热闹，二是买新鲜、买便宜。

我们在熙熙攘攘的人流中艰难地穿行，一位摊主说："我们这里比春熙路还挤。"此话虽然有些夸张但也不假。我浏览了整个市场，主要有这么几大类商品及服务。一是肉类禽蛋、菜蔬瓜果等农产品；二是小家电、服装鞋帽、床上用品、日用品；三是腌卤熟食、干杂炒货、药材烟叶、烧酒榨油、调味品、糖果糕点；四是治牙的、治风湿的、剃头的、卖旧书杂志的、卖小吃的。赶场的有保和的人，有十陵、龙潭寺的人，也有不少城里坐地铁、公交来赶场的人，大家就喜欢这种自由散漫的味道。

俗话说"货卖堆山"，卡车拉的温江大蒜，龙泉的桃子、生姜、海椒，各种炒货……堆成一座座"山"，让人目不暇接。来自青羊小区的肖大姐给我算了一笔账，这里的菜和青羊小区菜市场的价差很大，有的时令蔬菜相差一元到两三元不等，水果也是这样。她退了休，逢"三、六、九"就来赶赖家店。一大家人吃饭，一个月的菜钱都要节约好几百块，这里的菜新鲜，便宜。"你看嘛，海椒五角钱一斤，好安逸嘛，巨划算。"果然，海椒摊上围了一大圈"自选者"，在堆积如山的海椒中挑三选四，这很符合成都过日子的小市民"两根海椒都要挑"的德行，卖主也大方，东西都是挑完卖完，不蚀本。肖大姐也上前补了个位，拿起塑料袋加入了"自选"人群。"买桃子，买桃子，龙泉新鲜的白花桃！随便挑，随便选，反正买了不扯拐！"一大车挂着新鲜树叶的白花桃，具有诱惑的吆喝，招揽了不少买新鲜的"赶场人"，围着桃子摊三个两个地挑起来。

乌龟坝 五桂桥 塔子山

　　大名鼎鼎的五桂桥原名"乌龟桥"，许多成都人并不知晓，它的得名与塔子山下的乌龟坝有关。

　　牛市口往东至沙河五桂桥，就是旧时的乌龟坝。沙河（古升仙水）弯弯曲曲地环绕在这片水田、旱地、坟墓、树林、土丘和农舍相互交织的原野上，古东大路从这里穿过，这是成都平原与华阳东山的过渡段。过去，东大路边有一个近三米长的大乌龟石雕横卧在田坝中，这一大片平阔之地，就被人们叫作"乌龟坝"。乌龟在古代被视为吉祥物，是中国传统文化中四灵之一。《礼记·礼运》云："何谓四灵？麟凤龟龙，谓之四灵。"古人置龟于古东大路边，又紧邻沙河，很显然，人们尊乌龟为"四灵"，认为它具有避邪挡煞、消灾避害、镇宅纳财之灵。

　　原保和街办东虹社区书记包奕明的家过去就住在五桂桥沙河边，孩童时期，他常常和小伙伴们爬到乌龟背上玩，爬上爬下，骑在乌龟背上足足可以玩上半天，那是一个天生的"游乐园"，给他的童年带来许多快乐。他带着我在这一带转悠，在公交双桂路塔子山公园站，包奕明的手指对着站牌旁边人行道画了一个圈："大乌龟就是在这个位置，后来修公路，五冶办学校，乌龟没有了，可能就埋在了地下。"

　　乌龟坝的巨变始于1957年。这年4月，冶金部会同重庆钢铁公司、西南钢铁厂筹建组和北京黑色冶金设计总院组成无缝钢管厂选址工作组，工作组先后在成都踏勘了东郊乌龟坝、龙潭寺、石板滩、南郊琉璃场和江油、德阳等九处地方，经过分析比较，认为无缝钢管厂建在成都东郊乌龟坝较为合适。乌龟坝立刻成了城市东部工业建筑的热土。

成都无缝钢管厂在当年的成都东郊可谓"恐龙"型大企业，"人多地盘大"，从牛市口到五桂桥再到沙河堡五福桥，沿后来的牛沙路圈了一大片土地，是我国规模最大的专业化无缝钢管生产基地，具有炼钢、轧管、无缝钢管深加工、冶金设备制造、耐火材料、粉末冶金等生产加工能力，产品广泛用于石油、地质、煤炭、化工、交通运输、宇航、军工等领域。平炉炼钢车间一字排开的四根烟囱，高七十五米，十分壮观。20世纪70年代，在成都是仅次于热电厂八十米烟囱的又一地标性建筑，显示出东郊大工业的非凡气质。

1971年夏，成都无缝钢管厂来仁寿县招工，我有两个同班知青同学被推荐进了钢管厂，让众多知青羡慕不已。后来，我们也先先后后地被招工回了城，但比起在成都无缝钢管厂当工人的知青同学总少了几分产业工人的底气。成都无缝钢管厂是对外称呼，军工代号叫六十五厂，还有一个很神秘的称呼，叫"二四九信箱"。这两个同学后来邀约我到他们厂里去玩，怀着好奇的心情我们一起在厂区里转了一圈。走在宽敞的厂区大道上，走进高大的车间厂房，重金属的碰撞声、汽锤冲压的咚咚声、供热管道嗤嗤的喷雾声、火车的隆隆声、机床的马达声、切削的尖啸声……我们仿佛置身在巨大的音乐厅，在欣赏一曲雄浑的工业交响乐。那时没有噪声污染的概念，在车间里听不清同学在介绍些什么，只能比手势打"哑语"交流。那四根高大的烟囱冒着红色的、黄色的、赭色的浓烟，炼钢车间弥漫着乳白色的烟雾，各种供热管道喷出大团大团白茫茫的蒸汽，炼钢红炉飞溅着钢花，流淌着岩浆一样通红的铁水，沸腾、火热……这就是当年成都无缝钢管厂的真实写照，这样的工业风景丝毫不逊色于德国鲁尔区著名的克虏伯钢铁企业。

从双桥子到沙河铺要经过钢管厂双桂路和古雅坡路两个平交道口，近十多年来，人与火车争道的矛盾越来越突出。上下班高峰时期，进出城形成两股人车混杂的汹涌潮流。对这两个道口，人们总是怀着很复杂的感情。一方面，钢管厂繁忙的铁路运输让人们目睹了一列列"成都造"无缝钢管运往天南海北而为之自豪；另一方面，道口的拥堵和不畅，多少年来又让上班、务工、上学、做买卖的、开车的人们心中不爽，常常为"堵"平添不少烦恼，可谓爱恨交织啊。2006 年 12 月"东调"，成都无缝钢管厂迁往市区北部青白江。从此，听不到蒸汽火车的吼叫，通畅了的路口似乎失去了一道风景。

乌龟桥是民国时代修建的一座三孔石拱桥，建筑形制和沙河上游的古三洞桥颇为相似。乌龟桥是通往赖家店，西河，洛带和杨柳店，凉水井，大面铺的重要桥梁，又是坝区和东山的交通节点和地理标志。乌龟桥修好后，没有被正式命名，因为桥西有"乌龟坝"的地名，人们就习称为乌龟桥。乌龟桥的名气在东山一带很响亮，不是因为桥修得如何古朴典雅，而是乌龟桥几乎是成都东边坟场的代名词。20 世纪 50 年代初，拆除了石拱桥，改建成一座木桥。在给木桥命名时，感觉旧名乌龟桥不雅，取其谐音命名叫"五桂桥"。因沙河老成仁路上已有一座五桂桥了，为了区别又称"上五桂桥"，老成仁路那座桥就叫"下五桂桥"。

1984年10月，横贯成都市区的蜀都大道十里长街建成通车，东边直抵五桂桥，将东山保和乡融入贯穿东西部城区的城市中轴线，五桂桥彻底变了样。1995年9月，四川的第一条高速公路成渝高速公路建成通车，五桂桥作为西南出海交通的起点，又凌空飞架起一座高架桥。成都汽车总站就建在五桂桥，大大缩短了与川南内江、川东重庆的时空距离。

"乌龟坝上乌龟桥，乌龟桥头埋死人"，这句流传很广的民谣，让成都人对乌龟桥印象深刻。记得"文革"时期，成都地区两大派学生造反组织刷大标语互相攻击谩骂对方，有一副大标语刷的是"八·二六永远战斗在五桂桥"，让少年的我横竖看不明白，及至成年，阅历和见识增加了，不禁哑然失笑。

自古五桂桥是专埋死人的地方，五桂桥出城的左边是塔子山，右边是董家山，坡地上柏树森森，灌木杂树荫郁。旧时，每逢清明，来此祭扫的城里人很多。五桂桥头便有很多卖香蜡纸钱的摊位，还有卖茶水、小吃、水果的摊贩。从城里坐黄包车的、坐鸡公车的、坐滑竿的或徒步走来的，都要在桥头停下，买上香蜡纸钱等祭品，走过五桂桥，然后上土坡，钻进柏树林里，寻找亲人的墓地。在幽静的柏树林中，一缕缕青烟缥缥缈缈，伴随着一声声凄厉的号哭声，回荡在宁静的沙河上空。

过了五桂桥就是塔子山。1995年，在"九天楼"没有修建之前，许多成都人都会发出这样的疑问："塔子山怎么没有塔呢？"《九天楼记》也说："然山曰塔子而无塔，名实而乖违。"很奇怪啊？

　　带着这样的疑问，笔者采访了原保和街办东虹社区书记包奕明。他是这里的原住民，最有发言权。他带着我在塔子山周围转了一圈，在成都汽车总站对面御风二路"信和·御龙山"楼盘，他手指着对面说"过去的塔子就在那个地方"。他记忆很清楚，这是一座三层佛石塔，红砂石砌体有四五米高，周围都是柏树，儿时他们都在塔里玩过。1968年保和公社东桂大队修罐罐窑，就将石塔拆了，石材用来砌了窑。塔子山就再也没有塔了。

　　这座塔建于何年，无从知晓。只能推测可能是明代的产物，塔的旁边过去有座小庙，这座塔可能是座小型石砌三重多宝佛塔。中国塔源于印度佛教，塔有一层含义就是土冢。这座塔居于五桂桥高处，在乌龟坝就能看见这座石塔，亦如华阳东山墓葬区的标志性建筑。此塔无名，人们就把乌龟桥上的高坡叫"塔子山"。

　　1997年，在成渝高速公路起点五桂桥右侧的塔子山公园建成了一座高七十米共十三层的高塔"九天楼"，取李白"九天开出一成都"的诗意，号称"锦绣天府第一楼"，塔子山真正的名副其实了。"楼依山势，既丽且崇，影挂清汉，塔拂白云，诚西蜀之伟构，成都之标志也。"[1]

　　距佛石塔不远，在五桂桥通往槐树店、赖家店的小路旁，有一个三米左右的断崖高坎，人无法攀缘，却有一个令人生畏的地名叫"猛虎跳岩"。塔子山过去有老虎，说来许多人都不会相信。然而，在清代初期，不仅是东山，川西坝子到处都有虎踪、虎影，这的确是事实。

---

① 塔子山公园《九天楼记》

据史料记载，从 1646 年起一直到 1659 年，十三年中成都是一片荒芜，杂草野树丛生，野兽聚集，城内只见野兽而无人迹。"四川有座城，有城没得门，有庙没得神，有街没得人。"这首民谣真实地描写了明末清初战乱、饥荒、瘟疫造成成都平原及"州县皆虎，凡五六年乃定"的恐怖现象。陈世松先生在所著《大迁徙："湖广填四川"历史解读》中写道："此外，在成都附近的汉州、温江、双流、新津、新都等县，也都有虎迹。其中，汉州、新都一带'虎迹遍街'，新津'虎迹纵横'。虎患是相当酷烈的。"塔子山有虎，绝对不是杜撰。"猛虎跳岩"这个地名恰好像一枚印记盖在塔子山，让我们看到了历史的悲剧和痛彻的伤痕。

黄葛树下的龙门阵

赖家店中街是赖家店人心中的"盐市口",街心有一棵百年黄葛树。这棵黄葛树高大繁茂,绿云笼罩,像一把巨伞,赶场的人老远就能看见。树身粗壮,占据了半边街,要好几个成年人才能合抱。黄葛树是赖家店的"风水树",据说,有了这棵树才有了赖家店。这棵树四季常青,生命之树常绿,永远都充满了蓬勃的朝气。赖家店人非常喜爱这棵树,民间称其为"黄葛大仙"。黄葛树象征着健康长寿、人丁兴旺、家庭和睦,像一位德高望重的智慧长者,受到人们的尊崇,树丫上常常挂满了祈福的红色飘带。黄葛树下是赖家店人聚集的"大客厅",黄葛树下有摆不完的客家龙门阵……

"插占落业"冯家坝

在多宝寺路沙河以东,中环路(双店路段)以西,跳蹬河路以南,槐树店路以北,界于成都平原与华阳东山浅丘之间,有一片"二黄土"平坝,地名叫"冯家坝"。这是典型的客家族聚的地名标识。冯家坝境内北有崔家店河,东有长深沟,南有鸡头河,三条河流在冯家坝交汇,流入沙河。

站在中环路(双店路段)被施工围墙圈着的一棵老树下,原保和街办妇女主任冯朝蓉姊妹俩很动感情:"冯家坝以前有很多大树子,现在拆迁只剩下这一棵了。"她有些遗憾地说，当年拆老屋，老祖宗在梁上放的族谱弄丢了。冯朝蓉姊妹俩从小就在冯家坝长大，对面那条河叫"长深沟"。童年时，她两姊妹经常在河里游泳，大人是不准她们下河的。但天太热，娃娃们总耐不住热。想起那时泡在水里的清凉感觉，冯朝蓉姊妹俩就浮现出甜蜜的微笑。

家住和顺社区和悦庭院的"80后"严亦龙回忆说，我每年夏天都要到东风渠游泳，小时候就是在长深沟学会游泳的，那时长深沟的水还清亮，在水沟里捉螃蟹，撮小鱼小虾，很有乐趣，不像现在成了臭水沟。

冯家坝的媳妇，曾经当过生产大队长的黄克琼给我讲冯家坝的故事：以前冯家人多势大，读过书的人也多。清末有一年为春耕争水，谢家和冯家打起来了，谢家争不赢，就打官司，官司也没有打赢。打又打不过，争又争不赢，谢家咽不下这口气，只好"打嘴炮"，说"冯家坝"是"冯家霸"。这些老龙门阵让人忍俊不禁。

听说我要写冯家坝，和顺社区书记蒋玉兰通过他的老伴冯世根的关系，终于在十陵冯家老辈子那里找到了《冯氏族谱》，冯世根还手绘了冯家老房子的图，这让我对冯家坝客家人的创业历史有了进一步的了解。

《冯氏族谱》记载：十三世祖冯其先在康熙年间自广东嘉应州长乐县入川，"系始到四川之祖"。冯其先在成都府新津县落户定居，在新津县地名中至今还有长乐村和冯家坎的地名。冯其先到新津垦殖，后代在这里繁衍，因世祖冯其先来自广东长乐县，且从长乐县来新津的也有其他姓氏的客家人，逐渐形成村落，为了不忘祖籍，就叫长乐村。

十四世祖冯国珍是十三世祖冯其先之子，冯国珍生于康熙辛卯年（1711），卒于乾隆丙午年（1786），享年七十五岁，道光年间迁葬于华阳县东门外多宝寺白土里老屋后林盘嘴。雍正年间，冯国珍成年后开始独自创业，从新津长乐村到华阳县多宝寺垦荒置业，"系四川华阳开基创业之祖，在多宝寺侧近自置屋场一座"。按照清政府的垦殖政策，冯国珍来到华阳县多宝寺沙河边，"插占"了这块"二黄土"平坝在此落业。凭借三水环绕的地利优势，冯氏延续客家人"耕读传家"的传统，经几代人努力，建成了一座占地约六亩的冯氏家族族居的大宅院，人称"冯家老房子"。大宅院计有大小天井十个，房四十余间。在主厅设有祖堂，供奉入川始祖。四周绿树茂密、竹林环绕，宅院前有水塘，右有水井，在后面"大包"上还建有看家护院的碉楼。"冯家老房子"每个天井都有门，入夜，这些门关闭后，就是有贼进来，也找不到出去的路。除非有飞檐走壁的功夫，否则，将被冯家人来个"瓮中捉鳖"。继后，冯家又在左侧修建了一座大院子，约一千平方米，人称冯家下房子。在其左侧曾建有文昌宫和字库塔，传承冯氏家训文风。

自"湖广填四川"近三百年来，冯氏家族在华阳多宝寺侧创下了基业，遂成冯氏家族聚居之地，此后耕读传家，人丁兴旺，繁衍至今。沙河边这片土地成为水旱从人的富饶坝子，被人称为"冯家坝"。

1949年以后，随着城市化建设进程，东山沧海变桑田，旧貌换新颜，冯家老房子已成了一个地名符号和客家移民的历史记忆，遗址在现成华区保和街道办事处和顺社区跳蹬河南路十一号院。

五花八门的民间游戏

> 胖娃胖嘟嘟，骑马上成都。
> 成都又好耍，胖娃骑白马。
> 白马高又高，胖娃耍关刀。
> 关刀耍得圆，胖娃当状元。

"每当我听到《胖娃胖嘟嘟》这个童谣，就会想起童年时代的生活情景，想起那个时代五花八门的游戏。虽然，那时很穷，没有什么玩具，大人也不可能给我们买。但娃娃们会想出许多花样翻新的耍法，很多玩具都是自己动手做，不要大人一分钱，娃娃们耍得很开心……"

在迎晖路杨柳店一家茶馆，我与当年赖家店的"老顽童"李发富、陈伦云、范学富、郑光勇、严亦龙等喝茶摆龙门阵，只要话题扯到过去赖家店的老龙门阵，少儿时的各种有趣的玩法，就会打开他们记忆的闸门，滔滔不绝地摆起那些陈年往事，仿佛又回到了童年时代。那种记忆，是不可磨灭的。

"南三支渠是我们游泳的好地方，从保和场一直漂到赖家新桥，现在回忆起来，觉得那时候太好耍了，无忧无虑。长大了，成小伙子了，就去漂东风渠，拉长滩要拉到十陵那边去了。

"半节子么爸儿伙到一起，在晒坝头比摔跤，比赛看谁的力气大。摔跤要靠力气，也要靠技巧。那时候的摔跤没有多少规矩讲，只要摔倒对方就算赢家。哪个把哪个摔翻了，就是我们心中的英雄、娃娃头儿。

"踩高跷，你看到过没有？就是人踩在两根二米多高的棍子上，看哪个走得远。高跷是咋个做的呢？找两根结实的木棍或竹竿，在距离地面有一尺多高的部位横绑上一个木条，高跷就做成了。玩的时候，一人手持一副高跷，脚下一使劲，人的两脚就站到了高跷的横木块上，然后操纵两根棍棒，人就可以在高跷上自由行走了。这种玩法要有点技巧，不然是玩不转的。站在高跷上行走，有鹤立鸡群的骄傲。

"跳拱，是最简单，最方便的游戏，人多人少都可以，又不择场地。首先，用'拾千儿'的方式决定，谁赢了，谁当'拱'。'拱'，就是当'拱'的人弯着腰，做成桥拱状。跳拱的人排成队，一个一个地从画线的距离跑到'拱'前用手点在'拱'的背上，两腿一叉，一跳而过，跳不过去的人就被罚做'拱'，原来的'拱'获得解放就可以参加跳拱的队列。'跳拱'，有点像学校里跳木马。因弯腰的高度不同，分为五个档次，分别叫作'一拱''二拱''三拱''四拱''五拱'。一拱时，'拱'的腰弯得最低，最容易跳过；五拱，其实不叫'拱'了，因为'拱'连头都不用低，就那么昂首挺立着，要从一个人的头上跳过去可不是件易事，所以很多时候都是跳到'四拱'（'拱'只低头）为限。跳过'四拱'，就重新'拾千儿'决定新'拱'，然后又开始新一轮跳拱了。

"斗鸡，安逸！两个人、三个人、甚至一群人都可以玩。"

斗鸡，又叫"独脚战"，单脚而立，以平抬起的膝盖猛攻对方，或撞或挑，对方双脚触地为输。这个对抗性游戏花样比较多，"三英战吕布"即一人斗三人，"张飞战马超"是两人的对抗，"赵子龙大战长坂坡"是指一人与多人的战斗。有时候是两军混战，五个人对五个人，或十个人对十个人，场面就很壮观。

"秉符非常好玩，啥子叫'秉符'？我们用废纸折成一个三尖角，这就叫'符'。把'符'折成一叠，放在手板心，然后，手板抛，手背接。'符'不能掉在地上，手背接着后，然后又抛，手板再接，如此反复地抛，'符'掉在地上，掉一张就输一张。"

高手"秉符"就很有看头，"符"从手心一直码到小臂，手心和手肚一起抛动，手背和小臂接住。如果码得不整齐，手背和小臂不断轻微抖动，"符"与"符"之间就排列得非常整齐。这简直是表演了，这些高手常常让小伙伴佩服得五体投地。

"划高粱秆太有味道了。'划高粱秆'有个赌规，只要划脱皮，就按划的长短送给你，不要钱；如果没有划脱皮，就按划的长短算钱。我们经常围到看划高粱秆，凑个热闹。"童孩时期，我曾经见过街上划高粱秆的高手，高粱秆立起有二米多高，他踮起脚尖，手高高地举过头顶，用刀锋不断地轻轻"点"着高粱秆的顶部。最绝的是，高粱秆的底部被斜着削了一刀，尖尖地直在地上。如果"点"的动作不敏捷，或者手脚迟钝，高粱秆就会倒地，那就输了。那个人就有这个本事，让高粱秆站在地上纹丝不动，像"定海神针"似的。每逢看到围观的人多了，他就特别来劲了。只见他手中的刀"点"了几点，然后在空中画了个圈，手臂一舞，突然，刀一下从顶部将高粱秆哗啦一下拉到了底，只见一层薄薄的皮儿从头到尾被快刀连根划断。趁那根直立的高粱秆微微开始倾斜的瞬间，刀锋已将它轻轻地"点"稳了。这一系列动作如流星赶月，似电光石火。围观的都是一群中小学生，对他优美敏捷的表演绝技，喝彩不绝。

在那个物质匮乏的儿童时代，娃娃们与自然却是那样的接近，他们的天性与自然融合在一起，能够焕发出惊人的创造力和想象力，玩具都是"自己造"，比如黄泥巴手枪、弹绷子、风筝、牛牛、坦克……很多玩法也是自己创造，一根篾片可以在地上划"太平天国"，几块小石子可以玩"六子冲"，一块砖头可以玩"打碑"，一根带子可以玩"翻马架子"，一根杆杆可以"粘蝉子"，一个竹筒可以玩"逮灶叽子"，一个瓦片可以玩"跳房"，一张纸折成豆腐干可以玩"拍豆腐干"，一张纸烟盒折成三尖角可以玩"扇纸烟盒"。就是这么简单，玩起来兴致勃勃、津津有味。

即使什么都没有也能玩，只要有几个娃娃，就能玩出"老鹰叼小鸡""蛇抱蛋""嫁新媳妇""跳拱""斗鸡""逮猫""丢窝儿"等游戏，略带点科技性的耍法就是"晒感光纸"，做"万花筒"，折"纸飞机"，竹片做"搓螺旋"。或者是爬树，摸螃蟹，看蚂蚁搬家，捉丁丁猫。女娃娃耍的也很多，"打沙包""跳花花绳""打毽""拍手掌""抓子""我们都是木头人"。耍法虽然很"土"，却土得有盐有味，趣味就在其中。

在塔子山公园沙河边的茶铺，我要了一杯茶。一会儿就来了几位七十岁左右的老人，他们分别在桌边坐下，老板泡好茶，我和他们就漫无边际地闲摆起龙门阵来。摆谈中了解到，他们都是老保和，有住杨柳店的，有住东桂村的。一位姓陈的老人回忆说，那时，家里兄弟姐妹多，他家就有八姊妹，村上少的也有四个。娃娃多，大人管不过来，都是大带小。家里人也不担心娃娃出啥事情，都是"放敞马"，那阵，他们都是疯耍，变些花样耍。流传在他们中间的童谣很多，大家互相教唱，回想起来很有意思。

儿童游戏中有一个叫《你姓啥》的游戏，两个孩子一问一答，颇为有趣，像修辞里的"顶针"。这种问答方式，可以信马由缰，灵活多变，但结底收尾一句必须一样，而且一字一句语气要加重，达到搞笑、开心的游戏目的。

甲：你姓啥？　乙：我姓唐。　甲：啥子唐？　乙：芝麻糖。
甲：啥子芝？　乙：何知。　　甲：啥子河？　乙：大河。
甲：啥子大？　乙：天大。　　甲：啥子天？　乙：广东天。
甲：啥子广？　乙：湖广。　　甲：啥子湖？　乙：茶壶。
甲：啥子茶？　乙：春茶。　　甲：啥子春？　乙：杨柳春。
甲：啥子杨？　乙：咪咪羊。　甲：啥子咪？　乙：桥咪。
甲：啥子桥？　乙：驷马桥。　甲：啥子驷？　乙：宝光寺。
甲：啥子宝？　乙：元宝。　　甲：啥子元？　乙：桃园。
甲：啥子桃？　乙：仙桃。　　甲：啥子仙？　乙：神仙。
甲：啥子神？　乙：鸡脚神。　甲：啥子鸡？　乙：筲箕。
甲：啥子筲？　乙：马鞭梢。　甲：啥子马？　乙：文书马。
甲：啥子文？　乙：屙泡屎给你慢慢闻！

《王婆婆在卖茶》

王婆婆在卖茶，三个观音来吃茶；后花园三匹马，两个童儿打一打；王婆婆骂一骂，隔壁子幺姑儿说闲话。

这个童谣的有趣之处是可以用双手演示。方法是用十个手指交错，翻动手指，变换花样。"三个观音"用三个指头表示，"后花园三匹马"就是手翻过来，三个指头动一动，表示"三匹马"。"两个童儿打一打"，是两个大指头碰一碰。手再翻，左手大指头和食指成一个圆环，右手大拇指从圆环中伸出，大拇指晃动表示王婆婆。手再翻，幺指晃动表示幺姑儿。一边口中念，一边手上做，形象生动，妙趣横生。那二年的娃儿对这个童谣是乐此不疲，流传甚广。

《房子上的冬瓜两边滚》

> 房顶上的冬瓜两边滚，你喊老子切买粉；买起粉来你不搭，你喊老子切买茶；买起茶来你不喝，你喊老子切买锅；买起锅来你不煮，你喊老子切买鼓；买起鼓来你不敲，你喊老子切买刀；买起刀来你不磨，你喊老子切买鹅；买起鹅来你不喂，你喊老子切买柜；买起柜来你不装，你喊老子切买枪；买起枪来你不打，看你龟儿子哈不哈。

这个童谣很有韵律，幽默风趣，朗朗上口。有味的地方，就是故意绕来绕去，唱起来有节奏，很好记。实际上是一种语言和文学的潜移默化，那时的娃娃接受知识，大多是通过传唱童谣获得的。另外就是看连环图，又叫"小人书"或"娃娃书"。那时，没有图书馆，书又买不起，课外阅读主要是在连环画铺子，那一代人没有看过连环画的恐怕少得可怜。

赖家店街上有一家连环画铺子，放学后或者星期天，铺子里都是看连环图的娃娃。连环画铺子门面都不大，墙上贴满了五颜六色的连环图封面，右下角贴着连环画编号，认不到字的娃娃就报号码。门外挂着牛皮纸连环画招贴，大多是新出来的连环画。从街上过，很招人眼。大人在茶铺头喝茶，往往给娃娃娃一分、两分钱，让他们去看连环画。一分钱可以看两本，有两个"毛根儿朋友"一起看，还可以悄悄地换到看，一混就是半天。其实，课堂上语文老师、历史老师教的，后来都记不住了，连环画里面的故事，现在都还记得。《三国演义》《西游记》《说岳全传》《瓦岗寨》《水浒》中的故事和人物，都摆得出来。老陈随口说了一串《水浒》一百单八将人物绰号：豹子头林冲、霹雳火秦明、双鞭呼延灼、鼓上蚤时迁、花和尚鲁智深、智多星吴用……

我惊叹他的记忆力和滔滔不绝的摆故事口才，与李伯清有一拼。

赖家店的理发师

卢兴波是80后青年，家住赖家店街上，三十多年来他生活在这里，对赖家店就像掌上的指纹一样熟悉。百年历史的赖家店被拆除了，却始终拆不掉他心中的记忆。他常在"行脚成都"微信平台上发文回忆过去的赖家店，记录当年客家有趣的民俗风情，在微信朋友圈里传播，粉丝不少。他写赖家店的理发店，妙趣横生，机智幽默。

　　赖家店在东山名气比较大，那时，却是一个日益衰败的小场镇。镇上只有一家理发店，应该算是国营的吧。养三五个剃头匠，全是半大老头，钟叔就是其中之一。理发店主要设备只有几张旧凳子、旧盆旧壶，对着几面残破不全的玻璃镜子。那时称理发不叫"理发"而叫"剃头"，"剃头"是过去朝代遗留下来的称呼，通常用的是一把剃刀，剃头刮脸修面，很形象也很直白。从"剃头"到"理发"实则是一个文明的过程，然而这个过程，于我而言却是太漫长了，感觉时光都像池水一样的静止。

　　店里的卫生条件实在不敢恭维，乡场上从不讲究这些，一张白色围布用到发黑，也不见过水洗洗。通常是刚从一个人身上扯下来，马上就围到另一个人脖子上。毛巾同样如此，唯一有点区别的是，在每位顾客使用之前，都要先在那半盆不干不净的温水中搓上一遍。在每次被毛巾敷在脸上之前，我都会深深吸上一口气，然后使劲闭眼、咬唇、憋气，以抵御这条饱经沧桑的毛巾所散发出的难闻的混浊气味。

　　反正只有这一家，别无分店，这头你是剃也得剃，不剃也得剃。

　　理发店里有一位跛脚师傅，技艺好不好我已经不记得，但他绝对是这一生中给我留下印象最深的一位理发师。

　　那次理发他一走神不要紧，却让我的耳朵鲜血长流。跛脚师傅也不含糊，顺手从墙上扯了张旧日历，敷在我耳朵上就算用药了。这事要是搁现在，道歉、赔钱自不必说，是否追究精神损失，再被索赔更多的钱也说不定。但那时的人们根本就没这种意识，加之父母都特单纯，赔偿之事压根就没想过，甚至连剃头的钱那师傅也一分没少，依旧照单全收！

　　如此经营，注定了它的必然消亡。几年之后，国营理发店就倒闭了。人员也被解散，有的人转行，有的人重操旧业，开起了个体理发店，钟叔就是其中之一。

钟叔的理发店搞得还算光鲜。不但购置了两张可升降的大转椅，墙上、镜子上还贴满了各种各样新潮发型的图片，其中就有费翔的波浪头。三个儿子全部子承父业，父子同心，生意做得很不错。之后的十几年，我剃头全都上这，雷打不动。

钟叔体型微胖，戴副眼镜，憨厚老实，走起路来略作摇摆，像一只肥鸭，虽然显得有点笨拙，但他的专业动作却异常敏捷。我曾亲见一位顾客，理完发后鼻子一阵哼哼，话还没说出来，只见钟叔操起剪刀，以迅雷不及掩耳之势指向鼻孔，手起刀落，鼻毛应声而下。动作轻快纯熟，令人叹为观止。等那顾客反应过来，一摸鼻孔，面露喜色，满意而去。

到了20世纪90年代，周边更时髦、更洋气的理发店如雨后春笋般出现，冲击着旧式理发店的生存。当中也有不少挂羊头卖狗肉的理发店按摩房，更有无数洗脚按摩一条街出现在周边广大城乡。赖家店更加萧条，钟叔和他的理发店也一同衰落。三个儿子有两个都做生意去了，另一个也在盘算着改行。只有钟叔一人还在独自支撑，也许不为挣钱，只为一种精神寄托。只有老人还会来这里剃头。我也早已不再"惠顾"这里的生意。新的理发店不但看起来更干净、明亮，还可以躺着洗头。

最后一次在赖家店剃头大概是在2005年。那天可能是心血来潮，可能是太懒不想走太远，才突然决定就近解决。钟叔家的老三亲自为我操刀。只收了我三元钱，十来分钟便全部搞定。理发，这或许算得上我一生中最干净利落的一次了。

嫁人要嫁砖瓦厂

　　小女子，快快长，长大嫁给砖瓦厂，三天吃回肉，七天关回饷。

　　20世纪五六十年代，在保和地区，这是流行很广的民谣，真实地折射出那个年代工人与农民、城市与乡村的巨大差别。由于"三大差别"的客观存在，极大地影响了东山一带农村姑娘的择偶标准，"嫁给砖瓦厂"竟然成了农村姑娘追求幸福的美梦。

　　先说说砖瓦厂，民谣中的砖瓦厂系指国营成都市第一机制砖瓦厂、国营成都市第三机制砖瓦厂，这两个厂又简称为"一砖厂""三砖厂"，因为厂址都在保和乡多宝寺沙河右岸，彼此相距不远，当地人一般就统称为"砖瓦厂"。

　　1953年"一五"时期，成都东郊工业区开始大规模基本建设，砖瓦的需求量非常大。1955年，原成都市机制砖瓦总厂更名为国营成都市第一机制砖瓦厂，厂址从胜利乡（琉璃场）搬迁到多宝寺跳蹬河，主要生产机制砖和平瓦。1956年，国营成都市第三机制砖瓦厂在沙河边的槐树店建厂，主要生产优质青砖、红砖。1958年原公私合营蜀华砖瓦厂解体，制砖工人全部调入三砖厂，生产平瓦技工和部分职员调入二砖厂，另有部分职工调入成都水泥厂和成都耐火材料厂。1961年，位于成都北门驷马桥的二砖厂并入三砖厂。至此，成都三砖厂全面接管了原蜀华砖瓦厂和成都二砖厂全部人员和设备，并在槐树店进一步扩建规模，成为成都市建材系统最有影响的大型骨干企业，号称西南第一大机制砖厂。

曾在三砖厂工作了二十年的冯源宗，是1964年进厂的合同工。说起保和流行的这句民谣，他非常清楚当年产生这句民谣的时代背景。

人民公社化以来，保和的农民都是靠挣工分过日子，一个全劳力工分满打满的十分也只有几角钱，而妇女全劳力工分只有五分五，未出嫁的小女子工分更低，根本养不活自己。

年终结算，进钱户才可以见到一点儿现钱，倒补户连现钱影子也见不到一个。一句话：穷！

三砖厂工人那时实行的是计件工资制，挖泥工、砖坯工、运输工、装窑工、装卸工如果出全勤一月可挣八九十元，按当时八级工资制标准，这已经是最高工资收入了。然而，最高的收入有的可以达到一百多元，那简直让人眼红、妒忌。收入高，而且是七天发一次工资，更让人眼羡得不行。三砖厂是重体力劳动，砖窑工人的粮食定量四十五斤，每隔三天食堂就要卖回锅肉，二角钱一份。厂里也养猪，逢年过节便要宰杀几头"打牙祭"。工人们三五一伙聚在一起，大瓷盆盛满回锅肉，酒喝起，拳划起，"哥俩好啊，三星照啊！""四季财啊，五魁手啊！"酒酣耳热，笑语连连。酒肉飘香，让厂外的人直咽口水。

三砖厂还有个大礼堂，可以容纳两千人。厂里除了经常放电影外，还有京剧、川剧演出。厂里文艺人才多，组建有自己的京剧团、川剧团，遇有重大节日，厂里还组织文艺演出。厂里有大澡堂，几十个喷水龙头，二十四小时都有热水洗澡。夏天，职工还有防暑降温保健，轮窑烧砖是高温作业，炉窑边放有大黄桶，装的是"稳心水"。"稳心水"是开水里放薄荷、桑菊、鱼腥草……再加白糖或糖精，晾冷后喝了清凉解暑。黄桶旁边还放有冰砖，要喝时随时可以加冰块冰镇。冬天，窑上面还可以煮饭、煮菜、烤火，很多工人为了节约菜票，只在食堂打饭，自己买些菜就在窑上煮，花钱不多吃个热和。这些快乐事儿，很快就传遍保和，让周边的农村女孩羡慕得心痒痒的。于是，就有了"小女子，快快长"的民谣。

保和农村的小女子嫁给砖瓦厂，厂里职工娶保和小女子组成"亦工亦农"家庭的也不少，但是，并不是人人都有这个福分。说来话长，在砖瓦厂里面也有窑工自己传唱的民谣《装窑二哥》，只是没有《小女子》传得那么广而已：

> 装窑二哥一身轻，连个婆娘都没得；
> 车车坯子窑上摆，底下的东西两边甩。

装窑工拿那么高的工资，吃那么高的定量，为什么不找城里姑娘成家？而宁愿打单身当"王老五"？"二哥"，在成都人的特定话语中，往往带有贬义，是指男人中身份低贱、出身卑微、干粗笨活儿、做服务工作的那类人。比如，农民就叫"农二哥"，炊事员就叫"炊二哥"，搬运工就叫"搬二哥"。

前面已经说到蜀华砖瓦厂并入三砖厂的事，蜀华砖瓦厂是颇有来历的。1936年，蜀华公司在外东下五桂桥创办了蜀华砖瓦厂，由德国留学归来的邓锡侯之子邓华民经营，成为民国时期成都制砖行业著名的"三华"（华西、新华、蜀华）之一。1937年，蜀华砖瓦厂又在外东观音桥购买了永兴寺庙地产三百亩，扩建了五座大窑，工人增至三百人，在民国时期的成都，算首屈一指的大砖瓦厂了。蜀华砖瓦厂主要生产平瓦和青砖，平瓦，民间俗称"洋瓦"，它的质量更优于小青瓦，成都从这时才开始使用平瓦（洋瓦）盖房。四川大学、华西协合大学教学楼和办公楼等建筑都用的是蜀华砖瓦厂生产的机制平瓦和青砖，显得美观大气，至今仍很有民国建筑范儿。

作家舟戈给我讲过他父亲在民国时期的事。他父亲在成都靠拉黄包车挣钱养家，拉了十四年黄包车。1949年以后，政府就取缔了人力车，他父亲被政府安排到跳蹬河成都一砖厂当挖泥工，做砖坯。和他父亲一起先后进厂的有千把号人，有国民党起义投诚的连长、营长、团长、师长这些当官的，有改过自新的"三反""五反"分子，有低头认罪的地主、资本家，也有社会底层的人力车夫、挑夫、长年、短工，还有当过"伸手将军"的叫花子、无业游民以及保和乡被占了地的农民。

三砖厂大体也是这样，除了上述人员，还接收有蜀华砖瓦厂制砖工人、技术人员和职员百来号人，加上后来政府陆续安排的什邡峡马口煤矿、江油矿山转厂人员，招收的保和乡合同工，全厂总共好几千人。人员成分复杂，人才众多。仅是川剧"草台班"跑滩唱戏的在厂里就可以组成一个川剧团，此外还有唱京剧的。可谓"吹拉弹唱跳，琴棋书画照"各色人等齐全。装窑工的活儿又脏又累又重，而且还是高温、粉尘作业，这类工人"成分高"的比较多。在阶段斗争的年代，保和农村的"小女子"除了看砖瓦厂的收入和待遇，还要考虑"家庭出身"，对子女前途有没有牵连，有没有影响。所以装窑二哥就是要找保和的"小女子"成家，说起成分，人就蔫了，咋敢有非分之想。人家也要挑啊，贫下中农的女儿咋能找地富反坏右"黑五类"呢？装窑二哥们"个人问题"就只好搁起，编些歌谣，自娱自嘲。

客家文化的"有心人"

老赖家店场镇住家户、商铺一家一家地搬走了，人们带着搬迁的喜悦和依依惜别的心情纷纷撤离了赖家店，街面上空荡荡的，人气也就渐渐地消散了。除了成群的拾荒者，就是端着相机"记录"赖家店拆迁过程的摄影家和古镇爱好者。杨光福就是其中一人，他执着地"打捞"着百年历史遗迹，用相机记录正在消失的赖家店。

杨光福，是出生在赖家店街上的客家人，父亲杨氏祖籍江西省安远县，母亲薛氏祖籍广东省兴宁县。从小他就听父亲讲，他们的先祖来自江西赣州府安远县太平堡新田甲杨背岭，于康熙二十七年（1688）上川，落业于四川成都洛带镇桃花寺杨家大院，至今已是三百一十六年。父亲在八十岁高龄时，因病卧床不起，在临终弥留之际，告诉儿子杨光福：有机会一定要回祖地，在祖先坟上烧一炷香，告慰先祖，报一声平安，以了却上川杨家世世代代都未曾了却的心愿，并说这嘱托是爷爷嘱托他的。杨光福从父亲失去光彩、浑浊的眼光中看到的是殷切的希望和信任。他跪在父亲病床前，满含着泪水郑重地承诺了会完成父亲的重托。

回祖地寻根是杨光福最大的心愿。如果回到祖地，他能向父老乡亲们说些什么呢？

这不是简单的寻根之路，杨光福感到他有许多事情要做，再不去做，客家人的历史就会"断代"，客家人的文化就会"沙漠化"。

当然，一己之力很小，如同沧海一粟；但一己之能却能集腋成裘，做出成果的。

1999 年底，因患类风湿性关节炎导致关节变形、腰椎骶化、骨质增生不能胜任本职工作，杨光福从国营锦江电机厂病退回家，有了属于自己的时间。杨光福想，在自己还能行走的有生之年收集一些有关四川客家人、客家文化、客家会馆及地面遗存的资料和图片，有了这些实实在在的记录，让世人发现四川客家历史、关注四川客家现状、弘扬四川客家文化。当然，对他来说，这是一种功德，对得住上川客家人和祖宗。

杨光福开始背着行囊，挎着相机，寻游四方。在穷乡僻壤、在成渝古驿道、在安宁河谷、在茶马古道，大海捞针一般搜寻着客家人的点点滴滴。靠着微薄的病退工资，靠着兄弟姐妹、侄儿侄女的资助和支持，靠着强烈的客家情结的支撑、世代相传的客家精神的激励，杨光福始终锲而不舍、一路走下去。十多年来，杨光福的足迹踏遍了四川境内七十二个县一百九十八个乡镇。南至西昌、屏山的金沙江边，北至剑阁七十二峰蜀道翠云廊，东至涪陵忠县和湖北交界的崇山峻岭，西至岷江河谷、龙门山中的汶川，他的足迹也深入到川西、川南藏族、彝族聚居区域。共行程两万多公里，拍摄了三千多张照片。

几度风雨、几度春秋，杨光福在寻根过程中发现，生活在巴山蜀水以耕读传家的客家人，逐渐被强势的湖广文化所侵蚀、同化。四川境内绝大部分客家方言岛、客家文化载体基本上荡然无存。让他欣慰的是，行走在川南隆昌付家桥、周兴镇，荣昌县盘龙镇，川东北仪陇县丁字桥镇，川中资中县铁佛镇，却惊喜地发现了客家"方言岛"。

在这些乡场上听见了熟悉的客家乡音，杨光福欣喜若狂。乡音是一张通行证，几句客家话，就拉近了距离，和谐了关系，杨光福和他们没有语言障碍。语言相通就是一家人，杨光福与他们交谈甚欢，也收获不小。尽管这些乡音现仅散在这些极少数的乡镇，但却像活化石一般，给杨光福提供了考察的对象和研究"方言岛"存在的现象。

客家语言会随着老一代客家人逐步离世而消逝，唯一能够见证入川客家人参与社会、参与当地城镇建设、传承和发扬客家文化和乡土文化最好的历史遗存，就是四川客家人的精神殿堂，民间的互助组织——客家会馆。

客家会馆是一本镌刻着客家人文历史的书，是在清代湖广填四川特定的历史条件下应运而生的产物，会馆是填川移民神圣的精神殿堂，它记载着填川人艰苦创业的辛酸血泪与凄凉悲壮。独具特色的广东、福建、江西会馆遍布全川城镇乡村，成为寻找客家人历史踪迹和创业足迹的标志性建筑。从这些保存完好的会馆建筑中，杨光福强烈地感受到客家先辈创业的宏图大略和磅礴气势，领略到粤闽赣客家人原乡文化的无限魅力。

他列了一份四川客家会馆分布清单给我看：

闽粤赣会馆七十二处，其他各省会馆四十六处，共一百一十八处。

川西地区代表性的客家会馆有：洛带南华宫、洛带江西馆、石板滩文昌宫、保和天上宫、保和万寿宫、西平广东会馆、西平福建馆、黄龙溪天上宫、广汉溪南祠、新都泰兴南华宫、水磨万寿宫。

川中地区代表性的客家会馆有：资中罗泉南华宫、遂宁天上宫、金堂五凤南华宫、资中铁佛南华宫、三台棂江广东馆、刘营广东会馆、中江仓山南华宫、中江广福广东馆、土桥南华宫、蓬莱南华宫、金李井南华宫、仓山天上宫、广兴南华宫。

川南地区代表性的客家会馆有：贡井南华宫、龙台江西庙、贡井天后宫、仙市南华宫、李庄天上宫、李庄南华宫、油溪南华宫、楼东南华宫、楼东万寿宫、清溪南华宫、皂角江西馆、荣县南华宫、五通万寿宫、仙市天上宫。

攀西代表性的客家会馆有：西昌河西南华宫、黄联南华宫、清溪万寿宫、三水万寿宫、塔水南华宫、太平南华宫、骝马南华宫。

川北地区代表性的客家会馆有：青林口万寿宫、马鞍龙母宫。

其他省的移民会馆有：洛带禹王宫、成都陕西馆、自贡陕西会馆、自贡王爷庙、自贡张爷庙、五通禹王宫、屏山禹帝宫、龙华禹王宫、李庄禹王宫、青白江湖北会馆、土桥禹王宫、洛带川北会馆、成都江南馆、成都燕鲁公所、叙永青秋祠、三水湖广馆、赵化两湖馆、赵家湾禹王宫、罗泉盐神庙、大树禹王宫。

客家名人故居或文物遗址二十处：广安协兴镇邓小平故居、仪陇马鞍镇朱德故居、乐山沙湾郭沫若故居、乐至陈毅故居、重庆市开县刘伯承故居、重庆市潼南县双江镇杨尚昆故居、宜宾市高县李鹏故居、重庆市江津聂荣臻故居、南充罗瑞卿故居、自贡市荣县吴玉章故居、达州市通川区罗江镇张爱萍故居、江津陈独秀旧居、青白江城厢镇彭家珍故居、新都王铭章故居、富顺赵化刘光第故居、简阳市刘子华故居、石板滩廖观音故居、内江张大千故居等。

客家碉楼、山庄、土楼二十处：龙潭碉楼、墨合碉楼、望月楼、宜宾顽伯山居、廖家寨、钟家大院、刘汉浓碉楼、龙氏山庄、大观碉楼、大顺土楼、明家翟氏土楼、曾家寨子、青龙碉楼、龙王碉楼、大顺小碉楼、太和全大夫第、火神庙碉楼、临江楼、崔氏大屋基、河西碉楼。

客家牌坊、雕刻、祭天石祀物、禁赌碑、醒酒桩共十余处，客家会馆楹联二十余通。

客家祠堂、祖堂十四处：洛带杨家祠堂、龙潭范氏祠堂、高楼邱氏祠堂、钟家大院祠堂、怀远林氏祠堂、广汉张家祠堂、观音滩崔氏祠堂、石板滩廖家祠堂、安靖邓家祠堂、西平吴氏祠堂、大顺李家祠堂、马家村李家祠堂、石碾罗氏祠堂、万兴谢氏祖堂等。

杨光福在查阅有关客家文献资料和研究成果，经过实际的田野调查后，发现四川境内的会馆之多、分布之广，居全国之首。会馆是凝固的历史，凝聚着填川移民对故乡绵绵不断的思乡之苦、思归之情。会馆是一部有形的移民史，它凝集了填川移民的勤劳和智慧。它将永远镌刻在广袤的四川大地上，永远铭刻在填川移民后代的心中。

斗转星移、时代变迁，现今移民会馆及地面遗存已经不多。有的被拆除殆尽、荡然无存；有的正面临被拆除或即将被拆除的命运，走遍四川境内，散居在客家方言岛内、熟悉的客家乡音正慢慢消失，逐渐远去，有的仅余客家称谓而已。这让他痛惜不已。

值得庆幸的是，在成都这个大都市东部，有二十五个乡镇还生活着四十六万客家人，操着祖宗留下来的语言，保留着三百年前还未曾改变的生活习惯和风俗，越来越被世人所关注。

杨光福将他十几年拍摄的照片整理出来，精选了一部分，与保和街道团结社区合作，做成宣传栏、文化墙，介绍客家人的历史文化。他的目的很简单，但心事浩茫：

"我要说，填川客家人每一家都有一本常人找不到、纸张已经发黄、祖先上川时从祖地带来的族谱，族谱记载着各姓斩不断的血缘，记载着客家人的艰辛，也寄托着客家人的希望。

"我要说，上川客家人现在的生活情况及现状。

"我要说，填川客家人恪守祖训，耕读传家。至今还保留着祖地固有的传统和客家民俗。

"我要说……"

杨光福想说的还有很多，每一幅照片就是一个说不完的故事。照片的正面，是他拍摄的人物、民居、祠堂、会馆；照片的背面，则是他背着行囊跋山涉水、走家串门寻访的身影。

乡镇企业的"排头兵"

如果不是改革开放，陈廷才也许与他的父辈一样永远"面朝黄土背朝天"，复制着父辈那样的生活方式，牢牢地生根在那片土地上，种地交粮，传宗接代。

陈廷才是保和乡斑竹村人，他出生和生活的那个年代，正是农村从传统的个体单干到农业合作化、人民公社化的时代，俗称"吃大锅饭"年代。他在陈家排行老大，乡人就叫他陈老大。公社化没有给他带来幸福生活，从小家里就很穷，破衣烂衫，食不果腹，村上的人叫他"陈叫花儿"。这个绰号带着浓厚的贬义色彩，在乡人眼中带着几分轻蔑和小觑。陈廷才在饥寒交迫的生活环境中一天天长大成人。

1973 年，陈廷才报名参军了，在部队待了七年，1980 年 1 月，二十六岁的陈廷才从部队复员回到保和乡。乡里没有给他安排工作，在外见了世面的陈廷才不愿意再当农民。农民，在社会上被叫作"农二哥"，被人看作是没有什么社会地位的阶层。他在部队汽车连当的是汽车兵，有开车的技术，便自谋职业，在多宝寺成都造漆总厂和金牛运输二队开车。20 世纪 80 年代初期，司机在社会上很吃香。开车跑的地方多了，接触的人和事也多了，陈廷才的脑子也越来越开窍了，他萌生出自主创业的想法。改革开放给他提供了施展身手的舞台，他年轻，有想法，决定要干出点事情出来。

1983 年农村实行联产责任制，土地承包下户，村里劳动力过剩，不少年轻人无事可做。陈廷才看到这么多年轻人闲着，就和七个年龄相当的朋友在一起策划、商量办厂的事。这七个朋友都愿意参加陈廷才的创业团队，但都拿不出钱来。没有钱怎么办事呢？陈廷才就拿出自己几年的积蓄一千七百元，加上向朋友借的两千元，总共凑齐三千七百元，作为办厂的启动资金。但这点钱还不够，陈廷才通过熟人关系，在四二〇厂买了一台废弃的冲床和几台旧焊机，他将这些旧设备，转手卖给别人，做了几笔生意，从中赚了一些"差价"，有了一点儿积累。

1984 年 4 月，陈廷才挂出"成都市大观堰金属制品厂"的牌子，开始生产建筑工地用的斗车、架板、灰浆桶等。我在新都工业区成都东方电力线路构件厂采访时，董事长陈廷才笑笑对我说："那不叫厂，就是个小作坊。房子没有两间，几个人敲敲打打，就这么干起来了。"

陈廷才从四二〇厂请了一位退休的钣金师傅作为厂里的技术骨干，斗车和灰浆桶的制作材料是在四二〇厂买的"双燕"洗衣机报废的机壳，这些机壳材料很好，只是喷漆出了质量问题，被作为废品处理。陈廷才拿到就是个"宝"，他将这些报废的洗衣机外壳敲打成斗车厢体和建筑小五金件，由于材质好，很受欢迎。

然而，就是这样的"小作坊"，却渐渐做出了大事情。由于产品对路，销路很好，"小作坊"面积不够用了，工厂需要扩大生产车间，陈廷才就找村上商量，向村上要厂房。因为"大观堰金属制品厂"打的是村办集体企业的牌子，每年是要向村上交钱的。村上对陈廷才办厂的事非常支持，就给了他们四间偏角房子，总共一百零八个平方米。这四间房子以前是做蜂窝煤炉子用的，村里腾出来给陈廷才用，条件是安排四个人的工作。于是，创业团队就增加到十二个人。一百零八平方米的"厂房"加上十二个员工，陈廷才的事业就从这里开始起航，一步一步地做实、做强、做大。

1984年底，陈廷才的"成都市大观堰金属制品厂"已经有二十六个员工了，为斑竹村解决了富余劳动力，达到"三个满意"：工厂满意，村上满意，乡亲们也满意。1985年厂里的产值就突破了一百万，一个小小的作坊式工厂硬是创造出让人惊叹的奇迹。一百万产值，在20世纪80年代，在保和乡可是个惊人的数字。《成都市金牛区志（1960—1990）》在"保和乡"一节中特别提道："1980年—1990年间，乡镇企业发展较快……企业收入过三百万元的村有跳蹬村和斑竹村。"斑竹村的乡镇企业走在保和乡的前头，成为"排头兵"。

1985年起，大观堰金属制品厂开始产业转向，建筑小五金这种没有什么科技含量的产品，跟风做的也不少，已没有多大市场竞争力了。陈廷才看好了做电力线路铁塔，四川水电开发和国家能源建设正处于发展的黄金时期。陈廷才抓住了这个机遇，开始上线路铁塔项目。

之前，他有生产制作微波通信塔、电视塔的基础和经验，限于生产规模和生产能力，生产技术，陈廷才最初只能做十万伏以下的铁塔，两三年后，发展到可以生产五十万伏铁塔的能力。

1986年，陈廷才开始扩建厂房，修建镀锌车间，搞铁塔的化学镀锌和热镀锌。但是资金仍然是困扰陈廷才发展的"瓶颈"问题，为了扩建厂房，陈廷才向保和乡贷款，然而，贷款却非常困难，哪怕是两千块钱，都要跑很多路，还不一定拿得到钱。陈廷才深有感触地说："那时候，乡镇企业要做点事真的很难，贷两千块钱都造孽得很啊，没有办法！哪像现在，包包头随便一摸，都不只两千块。"

新建厂房，村上不给钱，乡上贷款又难，陈廷才找到自己的战友借钱，买别人拆房子的旧砖、旧瓦，花了八千块钱把镀锌车间盖起了。由于占用村上两亩多土地，村上要求按用地五厘解决一个人就业作为交换条件，陈廷才爽口答应了。这一年，大观堰金属制品厂职工人数已经超过一百人，为村上和乡上解决了不少富余劳动力再就业的问题，还向村上按产值的百分之二交管理费。仅仅两年时间，陈廷才"大观堰金属制品厂"雄心勃勃的扩张势头已初露端倪。

1988年，中国改革开放十周年。这一年是中国传统的"龙年"，龙腾虎跃、万象更新，陈廷才与四川省电力公司物资公司开展经济技术合作，专门做输电线路铁塔。找准了产业发展的方向，陈廷才将厂名正式更名为"成都东方电力线路构件厂"，大观堰金属制品厂彻底脱胎换骨，主营电力线路铁塔。陈廷才以新的企业面貌进入电力行业，如鱼得水、如虎添翼，开始走上了电力线路铁塔科技开发的快车道。

第二年，陈廷才就接到一个业务大单：阿坝州理县甘堡电站至汶川映秀百花变电站一百多公里的线路铁塔。这对于陈廷才来说，是实现一个跨越式发展的好时机。陈廷才从四二〇厂和五冶聘请了技术工人、工程师，加强车工和电气方面的技术力量，成功地完成了这个项目，从而获得了良好的经济效益和社会效益。

1991 年，成都东方电力线路构件厂率先成为成华区产值过千万的乡镇企业。《成都市金牛区志（1960—1990）》在"骨干企业"一节中特别提到乡镇企业中的工业骨干企业有保和乡"东方电力线路构件厂"。

2000 年陈廷才的工厂改为股份合作制，陈廷才出任董事长。2008 年，由于成都东客站建设需要，东方电力线路构件厂实施整体搬迁。陈廷才投资一点二亿元在成都北部新城新都工业区东区建了新厂，占地面积六万九千二百平方米。2009 年，新厂房竣工投产，拥有十六条先进的铁塔数控型钢、板材冲、钻孔自动生产线和八条半自动生产线；十二米长的液压折弯机，可满足各种类型的钢管杆、直缝管生产。取得了七百五十千伏变电站构架、二百二十千伏钢管杆和钢管塔生产资质证书。当年，东方电力线路构件厂就达到了中型企业规模，职工八百多人，产值五亿元。

风起云涌，大浪淘沙。三十年前，在保和创业的乡镇企业，像陈廷才这样实干兴业的总经理、董事长已是凤毛麟角，当年的许多风云人物，被时代的浪潮无情地淘汰了。而陈廷才真正成为保和乡镇企业起步和发展的标杆人物，2001年，陈廷才被农业部评为"第四届全国乡镇企业家"，2005年，被评为"成都市优秀民营企业家"，实现了从农民——复员军人——董事长的角色转换，走进了新时代。

尘封的地下保和

　　自古"易学在蜀"，从汉代始，堪舆之风在蜀地流播极盛，在民间更是经久不衰。蜀地堪舆家认为，成都的龙穴在北面的凤凰山，龙脉在华阳的东山。保和地处华阳东山的核心区，背靠龙泉山，怀拥升仙水（沙河）。雷打咀、塔子山、董家山、青龙埂、廖家湾、赖家坡、凉风顶、狮子山一带都是黄土地带浅丘缓坡，有"紫气东来"之说，被视为墓葬的风水宝地。保和的墓葬主要集中在五代前后蜀、宋、元、明、清以及民国时期，随着地下文物的发掘，一件件精美绝伦的宝物向我们讲述着地下保和秘藏的千年历史。

东山逶迤的送葬队伍

公元948年，后蜀广政十一年九月十五日，秋风瑟瑟，旗幡猎猎，一支浩浩荡荡的送葬队伍在华阳东山黄尘古道上缓缓行走，沿途百姓夹道观望，所有车马肃停两旁。送葬的队伍到达东山华阳县普安乡白土里（现保和街办天鹅社区东虹老年病医院处）后为死者举行了隆重的安葬仪式，后蜀皇帝孟昶下诏追赠死者为太子太师，赐谥温穆。

白土里葬的是何人呢？为何孟昶要举行如此隆重的国葬呢？

孟昶厚葬的墓主是后蜀开国元勋、著名将领、朝廷重臣张虔钊。

后蜀广政十一年（948）二月二十三日，后蜀重臣检校太尉兼中书令、北路行营招讨安抚史张虔钊，经过周密策划，负责招降后晋晋昌（陕西长安）节度使赵匡赞、凤翔节度使侯益入蜀。这是张虔钊将为后蜀皇帝孟昶带回来的一份厚礼，如果招降成功，后蜀的地盘将往北扩至陇东地区和陕西渭水流域，后蜀的势力便可北上和东进争雄天下，统一北方。张虔钊信心满满地率师北出散关秘密策应，哪知，赵匡赞、侯益叛晋不慎走漏了消息，招降一事功败垂成。在返回成都的路上，张虔钊一路嗟叹不已，痛失为后蜀开疆拓土建功立业的大好时机。行至兴州（陕西略阳），郁闷愤慨导致气疹复发，亡于归途，时年六十六岁。"出师未捷身先死，长使英雄泪满襟。"后蜀皇帝孟昶闻讯，十分哀伤，辍朝三日，以示哀悼。并派出皇帝特使赶赴兴州护送灵柩回成都，为张虔钊举行隆重的国葬。

事隔两年，后蜀广政十三年（950），顾命大臣宋王赵廷隐去世，又一支浩浩荡荡的送葬队伍来到华阳县普安乡白土里东，为赵廷隐举行更为隆重的国葬。

赵廷隐为后蜀皇帝孟知祥开国功臣，官至太师、中书令，封宋王，位列三公。孟知祥临终，指定赵廷隐为六位顾命大臣之一。幼主孟昶继位，凡有大事，必问策于赵廷隐。广政十一年（948），孟昶与顾命旧臣之间的权斗达到白热化，赵廷隐被孟昶亲信安思谦扣上"谋反"的罪名，经众大臣力保，方免杀头之罪。赵廷隐为了自保，主动请求解除兵权，申请退休，不问朝事。广政十三年（950）赵廷隐因"风疾"去世，时年六十六岁，谥号"忠武"。赵廷隐病死后，孟昶为他举行了隆重的国葬，将赵廷隐葬在华阳县普安乡白土里东，距倒石桥一千米左右，现十陵镇青龙村一组地界。墓葬规模庞大，等级颇高，在迄今发现的五代前后蜀陵墓中，仅次于前蜀皇帝王建的永陵和后蜀皇帝孟知祥的和陵。

又隔两年，后蜀广政十五年（952）四月，又一支送葬队伍出现在华阳县普安乡沙坎里（临近沙河五桂桥原成都无缝钢管厂三号门铁路处）墓地。隆重的葬礼仪式结束后，在新垒的坟茔上空，一群暮归的老鸹低回盘旋，在旷野中传来凄凉的"哇——哇——"声。

死者是后蜀一位战功卓著的大将军，他叫徐铎，时年六十三岁。1985年1月，成都市博物馆考古队对这块墓地进行清理，据发掘出的《大蜀故高平徐墓志铭》记载，后蜀广政六年（943），徐铎任司空使持节眉州诸军事，守眉州刺史。广政七年（944），封为金紫光禄大夫检校司空，进封高平县开国男爵，食邑三百户。广政十三年，加任检校太保，后又任峡路行营兼宁江军管内边诸寨屯驻都指挥使。广政十四年（951）冬十月，任使持节彭州诸军事，守彭州刺史。同年冬十二月，徐铎病死于宁江军屯驻官舍。广政十五年四月，葬于华阳县普安乡沙坎里①。

距离徐铎墓不远的华阳县杨柳乡（今保和街道杨柳社区），也葬着后蜀一位大将军李辈（音 bì）。1957 年 2 月，杨柳乡兴修东风渠南三支渠分水渠时发现一座古墓，四川省博物馆文物工作队赶往现场清理，发现这座墓早已被盗，由于水渠开挖时穿过这座墓，墓葬损坏严重，仅存墓志铭和少量文物。据墓志记载，他是后蜀光禄大夫检校司守左领军卫大将军兼御史大夫上柱国李辈。有关他的历史和战功记载很少，广政十一年李辈归蜀，广政二十一年（958）在华阳县文翁坊病逝，葬于华阳县普安乡②。此时离后蜀灭亡只有七年了。

后蜀重臣和将军墓葬大多选址在保和东山一带，比较起来，前蜀重臣葬在东山却极其罕见，仅见以下一例。

1997 年 9 月，在保和乡天鹅村相邻的十陵镇青龙村五组，砖厂烧砖的工人在取土时发现一座砖室墓，成都市文物考古研究所和龙泉驿区文保所立即赶赴现场，对该墓进行了发掘。据墓志记载，此墓为五代前蜀皇帝王建养子魏王王宗侃夫妇合葬墓。这座墓形制非常特殊，出土文物丰富，而墓主又是位极一品的分封亲王夫妇，具有很高的历史文化研究价值。

---

① 民国《华阳县志》卷二十七，古迹十八沙坎里："里属普安乡，因县中有沙坎堰，故以名里耳。"

② 任锡光：《四川华阳县发现五代后蜀墓》，载《考古简讯》1957 年第 4 期，第 67 页。

　　王宗侃（857—923），本姓田，王建收为养子后改姓王。王建镇守在阆州时，王宗侃积极参与了王建取蜀攻略的策划，为王建在蜀建国立下汗马功劳，是前蜀开国元勋。王建死后，后主王宗衍继位，封王宗侃为安乐王，加尚父，不久晋封为魏王。前蜀乾德元年（918），加赐扶天佐命匡圣保国功臣，准予私立戟门。夫人张氏，出身名门，其祖先系晋朝蜀郡太守张收之后，后主封其为明德夫人。

　　据墓志文记载，王宗侃死于前蜀乾德五年（923）七月十三日，时年六十六岁。后主闻讯，辍朝七日，以示哀悼并为王宗侃举行了国葬。十一月六日将王宗侃葬于灵池县强宗乡花严里（今龙泉驿区十陵镇青龙村五组）。在墓志文中详细记叙了王宗侃从雅州防御史到魏王的十余次升迁及其与前蜀有关的历史大事件。在墓志中，我们发现在前、后蜀期间东山行政区划的变化，灵池县是唐代在成都府东山设置的一个县，前蜀仍沿袭，到了后蜀灵池县一部分（现十陵、西河）并入华阳县。到了宋代，改灵池县为灵泉县，划入简州管辖。

　　从前蜀到后蜀短短二十余年间，在如此密集的区域，在保和一带葬着五代前、后蜀五位王公重臣和将军，是十分罕见的。据文物部门统计，五代前、后蜀墓葬在四川极少，成都地区已发掘的五代前、后蜀墓葬共十二处，而在华阳东山保和一带就占五座。从前后蜀墓葬选址来看，保和已经成为皇家圈定的"国家级"陵园区。除了前蜀王建葬在成都西郊三洞桥，后蜀孟知祥葬在北郊磨盘山外，前、后蜀的重要人物都葬在保和东山这一带。前、后蜀是华阳建县后出现的第一次墓葬高潮，也是地下保和最为重要的前、后蜀历史秘藏宝库。

　　赵匡胤发动"陈桥兵变"建立了宋朝，两宋统治达三百余年，而宋墓在华阳东山并不多见，尤其是达官显贵的墓葬，这是一个耐人寻味的问题：宋人都葬到哪儿去了？

2017 年 2 月 27 日，成都市考古队考古人员在保和相邻的龙泉驿区十陵镇大梁村四组（宋代华阳县普安乡白土里）发现两座大型宋代砖室墓，同时出土精美文物六十余件。考古人员根据现场发掘情况判断，此次发掘的砖室墓均为何氏家族墓地，其规模在四川宋代墓葬群中罕见，为研究宋代政治、历史、丧葬制度提供了珍贵的考古材料。

在北宋华阳东山墓葬中具有人文历史价值的是新近发现的《宋高平郡范氏诔文①》，这是北宋宣和元年的诔文石刻原件，诔文的诔主为北宋著名史学家范祖禹的侄女范沂。诔文中载"今其子卜以宣和元年四月十六日，奉其（范沂）丧葬于华阳县普安乡白土里"，即今保和街道天鹅社区。高平郡，范姓因封地而得姓，最早在山东范县，后来却发扬光大于山西高平地区。全国各地的范姓家族，共奉"高平"为世代相袭的郡望。

范沂作为一个平民，死后却能享受诔文的待遇，这可能和她是范祖禹侄女以及华阳范氏在家族中的巨大影响有关。

同样，元代墓葬遗存发现也很少。

1956 年 1 月 7 日，东山灌溉工程华阳指挥部第一大队一中队在华阳县保和乡倒石桥工段施工时发现四座元代墓葬，四川省博物馆文物工作队赶到现场清理了这四座元墓。一座志盖刻有："故管军千户高公夫人杨氏墓"，"系（元仁宗）皇庆二年（1314）二月十七日以疾

---

① 诔（lěi）文，文体名，又称"诔辞""诔状""诔词"等。哀祭文的一种，叙述死者生平，相当于如今的致悼词或哀悼文章，起源于西周的赐谥制度。

终……葬于华阳县普安乡艮山之原，子男一人文胜将仕佐郎顺元宣抚司经历……"另一座砖墓志盖上刻有："元故经历高公之墓"，"高公讳文胜字质夫成都人……仕佐郎顺元宣抚经历……于（元仁宗）延祐三年（1317）祀六月十三日告终，在京亲友奉枢来归，以其年十一月二十又一卜葬华阳县普安乡艮山之原……"随葬物品有陶甲胄武士俑一对，仆人俑四件，跪拜俑一件，牵马俑一件，鸡俑、狗俑各一件，皆系三彩釉陶俑。其中陶甲胄武士俑展现了元代武士的形态和装束，对研究元代武官提供了参照实物，因而其图片被选入《中国军博》。四川省文物考古研究院在《四川考古60年》报告中特别提道："1956年在成都市保和乡清理了四座元墓，这些元墓的发掘，为研究元代历史、墓葬制度以及宋、明墓葬制度的承接关系提供了可靠的资料。"

继五代前、后蜀，华阳东山第二次墓葬高潮的出现是在明代，其规模和范围都远远超过五代前、后蜀。明蜀王在成都历十世十三王，统治长达二百六十年，华阳东山正觉山、青龙湖一带墓葬最为集中。明十陵以明代第三代蜀僖王陵为中心，围绕其四周及邻近保和、洪河片区已形成最为集中的僖王赵妃墓、僖王继妃墓、黔江悼怀王墓、怀王墓、惠王陵、昭王陵、成王陵、成王次妃墓、半边坟郡王墓等十座陵墓，龙泉驿区十陵镇因此而得名，并号称："北有十三陵，南有蜀十陵。"

为什么华阳东山会聚集如此众多的明蜀王陵呢？

从千弓村蜀王大道侧沿着一条乡间机耕道穿过去，就到了青龙埂东风渠河边。秋风瑟瑟，寒气袭人，青龙湖游人稀少，几个钓鱼爱好者不惧寒风，坐在河边静静地等候鱼儿上钩。东风渠在这里拐了一个大弯，将一座植满银杏的大山包拥入怀中，这就是远近闻名的香花寺大皇坟。

1956年修建东山灌溉渠（东风渠），发现了这座大皇坟，值得庆幸的是，水渠设计因此改道，沿着皇坟绕了大半个圈，古墓没有遭到任何破坏。1958年"大炼钢铁"之前，这里还是古柏参天，树木森森的幽静僻地，甚至清代初期还有老虎出没。《蜀龟鉴》载："川西死于献者十七八，死于瘟、虎者十一二，而遗民十不存一矣。"明末清初成都不仅遭受战乱之祸，还出现了瘟疫、虎患，造成人口锐减。客家人入川后，华阳东山还是荒芜之地，坟茔与土丘混为一体，林木茂密、野草丛生，对蜀王墓葬具体墓址，客家人几乎无人知晓。

在华阳东山明代蜀王墓葬中，香花寺皇坟面积最大，占地按明制为一百亩。《明史·礼志》规定，藩府亲王的寝园面积为"茔地五十亩，房十五间"，因此这座皇坟大大超越了明制五十亩一倍。我在洪河半边街廖家湾看到的第七代蜀惠王陵，其坟茔也大大小于香花寺大皇坟。与其遥遥相对的第三代蜀僖王陵、第八代蜀昭王陵面积也都在明制五十亩规范之内。

这座大皇坟为何能够超越明朝礼志规定，至今还是个谜，墓主究竟是谁？由此引发颇多争议。有专家认定是第九代蜀成王朱让栩，论据是朱让栩"尤贤明"，曾受到嘉庆皇帝的特别嘉奖，赐建"忠孝贤良"牌坊，超越规制可能是嘉庆皇帝恩准了的。有专家认为是第一代蜀王朱椿，因爱子朱悦燫早逝，故将凤凰山陵寝让于儿子。香花寺皇坟的规格颇高，应为第一代蜀王朱椿墓葬之处，只有首代亲王才享有这个资格。但又有专家搬出《四川通史》，论证朱椿葬于"成都治北天回

▲ 朱悦燫墓内景　冯荣光摄

山"，而不在香花寺，所以这座墓葬绝对不是朱椿的。因墓地属于"全国文物保护单位"，没有进行考古发掘，没有文物佐证，这些争议还将继续下去。

如果按照《四川通史》所载，第一代和第二代蜀王葬在北郊天回山，为何从第三代蜀僖王开始，以下历代的蜀王都葬在华阳东山呢？这里很大原因是，古代堪舆家认为，成都的龙穴在北面的凤凰山，龙脉在华阳的东山。所谓"龙穴"，就是山脉的气息凝聚之处。所谓"龙脉"，即是山川行走的气脉，又谓南北走向为正势。华阳东山"势为来龙"，符合"藏风聚气"的风水学说。十陵镇至今有个地名叫"来龙"，那个村就叫"来龙村"。

第三代蜀僖王朱友壎继承王位仅有两年，无子嗣。他的父亲朱悦燫二十一岁英年早逝，他的兄长第二代蜀靖王朱友堉也仅在位六年便去世了。在朱友壎病逝前，父兄之死是他心理上无法抹去的巨大阴影。也许，在他病重之时，听取了蜀王府里堪舆家对华阳东山风水的赞美和另择墓地的劝说，为了让朱家子孙世世代代继承王位，做出了"子远父陵"的决定，将自己葬在"龙脉之地"华阳东山正觉山。从朱友壎选择墓地来看，还有一个深层原因，华阳东山地势广阔，墓葬选择余地很大，为预防后世有人掘墓"抄祖坟"，东山显然比凤凰山安全多了。

宣德九年（1434）朱友壎病逝，时年二十六岁。据《大明蜀僖王圹志》载："宣德十年（1435）三月十三日葬于成都府华阳县积善乡正觉山之原。"在他去世二百一十年后，明朝灭亡，张献忠的大西军队在华阳东山赖家坡、凉水井、洪河一带反复搜寻蜀王陵墓，欲抄其祖坟绝断朱家之龙脉。由于东山地形复杂，大西军仅找到了蜀昭王陵、惠王陵，对陵园地面建筑进行了毁灭性的破坏。大西军将惠王陵汉白玉石墓碑抛弃荒野，民国《华阳县志》载："石质如玉，故当时土人即呼其地为'玉石碑'。"距我家不远的洪河大道大面街道玉石社区，也因"玉石碑"而得名。也许，当初蜀僖王在临死前有所预见吧，他的陵墓没有被大西军发现，从而幸免于难。

到了民国，重要人物在华阳东山保和一带的墓葬也不少。

1929 年，川军二十九军副军长兼第五师师长孙震在赖家店何家湾建孙家祠支祠，将父亲孙芷卿和母亲孙太夫人、姐姐庆姑葬于祠堂一侧，并建墓亭立碑，记述父母恩德。

1931 年 12 月 5 日，宋育仁葬于"东山草堂"对面竹林之中。

宋育仁（1857—1931），字芸子，晚年号道复，四川富顺人。光绪十二年（1886）进士，授翰林院庶吉士，改任检讨。中国早期资产阶级改良主义思想家，被誉为四川历史上"睁眼看世界"第一人，重庆维新运动倡导者。1894 年任出使英法意比四国公使参赞，着意考察西方社会、经济、政治制度，积极策划维新大计，提倡民主共和。回国后，参加维新组织"强学会"，主讲"中国自强之学"。

宋育仁在逝世前，自印《借筹记》若干，临终时嘱托将此书赠前来吊唁之人。2006 年，三圣乡政府在今"幸福梅林"一带择地重修"东山草堂"，并立宋育仁石刻像，为这个著名休闲之处增添了历史文化氛围。2008 年 9 月，"东山草堂"毁于雷击引起的大火，所幸宋育仁墓亭无恙。

1939 年 4 月 16 日，谢持葬于成都现塔子山公园南门附近沙河董家山岷江林场。

谢持（1876—1939），四川富顺人，1907 年加入中国同盟会，策划成都起义未果，逃往上海。1911 年 2 月抵达重庆，筹划武装起义，11 月 2 日重庆独立，成立军政府，任总务处长。1913 年 5 月参与谋刺袁世凯，事泄被捕，经营救获释后避往日本。1914 年加入中华革命

▶ 战地服务团童子军高举王铭章将
军遗像，引导阵亡英雄的花圈灵
车。　来源：建川博物馆

▼ 十陵明僖王陵　冯荣光摄

党。1917 年护法军政府成立，任孙中山大元帅府参议，代理秘书长。1924 年国民党一大召开，当选为中央监察委员。1925 年 11 月与邹鲁等发起西山会议，公开反对联共政策。1927 年 9 月任国民党中央特别委员会常委、国民政府委员。九一八事变后，为全国统一抗战奔走，他被选为中央监察委员和国府委员。1939 年，谢持在成都病逝。蒋介石闻报，以国民政府名义明令对谢持进行国葬，国民党元老邹鲁为之撰写了《谢持墓表》。

1946 年，成都餐饮奇才李九如葬于塔子山雷打嘴（现塔子山公园鸟语林）。

李九如（1861—1946），本名李树通，字世成。四川合江县怀仁乡人。清末到民国，李九如在成都餐饮业是重量级知名人物。他创办的华兴街和祠堂街两个著名的大型餐馆"聚丰餐馆"，在成都名噪一时，开成都近现代餐饮业管理之先河，奠定了成都餐饮界大亨的地位。他创办少城公园"永聚茶社"，开创了成都女性进茶馆的时尚风气。民国初期，李九如率先发起，邀请三合园、枕江楼、荣乐园、颐之时、玉珍园等一百多家成都"南堂"餐馆老板在少城公园永聚茶社开会，成立了餐馆行业的民间协会"成都宴蒸帮"，调解行业内部纠纷，防止同行间不正当竞争。公推李九如为第一任山长。1944—1945 年，李九如经营的两个"聚丰餐馆"先后倒闭，1946 年，一代餐饮奇才李九如病逝于塔子山雷打嘴，享年八十五岁。

在东山最隆重的一次送葬是在 1938 年 6 月 12 日，让许多当年的老成都记忆犹新。

　　1938 年 3 月 17 日，国民革命军第二十二集团军第四十一军军长兼一二二师师长王铭章在山东滕县与侵华日军浴血奋战中，壮烈殉国，感天动地。这天上午，护送王铭章灵榇的专车从龙泉驿方向抵达沙河堡。沙河堡大营门是国民政府航空委员会和空军指挥部驻地，灵榇经过此地，军政人员均肃立两旁，向灵榇致哀。灵榇置于炮车上，由四匹白马牵引经过沙河堡时，一架飞机在低飞盘旋，散发着致哀的传单。传单像漫天飘飞的雪片，那是烈士魂归故乡的精灵。"抬望眼，仰天长啸，壮怀激烈"，从沙河堡到祠堂街十余里路，沿路鞭炮声震耳欲聋，十多万成都人肃立两旁，为抗日英烈致哀，迎王铭章将军魂归故里。

寻访"天鹅抱蛋"

为了一个美丽的传说

"天鹅抱蛋",望文生义就给人一种美丽的想象。天鹅优雅的身姿、典雅的气质,不论是空中飞翔还是水中游弋,都是一幅唯美惊艳的画图。中国人喜爱天鹅,早在《诗经》中就有"白鸟洁白肥泽"的记载,诗中的"白鸟"就是指天鹅。而"天鹅"一词最早出现在唐朝李商隐的诗句"拔弦警火凤,交扇拂天鹅"。曹雪芹《红楼梦》第十一回:平儿说道:"'癞蛤蟆想吃天鹅肉',没人伦的混账东西,起这样念头,叫他不得好死!"成语"癞蛤蟆想吃天鹅肉",常常用来比喻人没有自知之明,一心想谋取不可能到手的东西。20 世纪 70 年代,看坝坝电影《列宁在十月》,过后别的什么情节都忘了,唯有柴可夫斯基的芭蕾舞剧天鹅湖片断让许多人难以忘怀,有的人就冲着这一段优美的舞蹈,欣赏难得一见的人体美,反反复复看了很多次。

1980 年冬天,在北京玉渊潭公园发生了一起枪杀天鹅的野蛮事件,枪声唤醒了人们保护天鹅的意识。这条新闻一石击起千层浪,经历了十年"文革",人们在保护和枪杀,野蛮与文明之间做出了正义的选择,更多的手举了起来,更多声音发了出来,呼吁放下猎枪,保护动物。尽管那时没有网络、微信、QQ 群等,人们通过写信的方式表达心愿,信件如雪片般地被寄往北京。1983 年,邮电部发行了一套特字号《天鹅》邮票，深受集邮爱好者喜爱。"天鹅"第一次"飞进了"国家名片邮票里，意义非同寻常。

"天鹅抱蛋"是保和街办辖区内一个古老的地名，为了这个美丽的传说，在 2017 年这个酷热漫长的夏季，我开始寻找这个古地名，寻找这个地名后面的故事。

在我的收藏宝库里，找到一幅 1994 年版《成都市区图》，二十多年前，位于成都东部的保和乡正处工业文明与农耕文明犬牙交错的变化之中，地图是最好的纪录。按照图中所示，"天鹅抱蛋"的具体位置在成昆铁路以东、成渝高速以北。除了这幅地图，后来每年新版的《成都市区图》上就没有标上这个地名了。

这个方位让我找晕了头。2017 年初，成渝高速公路出城段和三环路成渝立交桥实施大规模改造，封路、改道、打围，加上周边的拆迁，除了来往滚滚的车流和不时堵车排成的长队，烦人的噪音、飞扬的尘土、毒辣的日头、难耐的高温，路边看不到几个人影。我骑着电动车在附近转悠，有一处被白色围墙包了一圈的黄土丘包，这显然已是圈定了的开发用地，土丘上种满了玉米、红苕、茄子，还有地里疯长的荒草。在杨柳店北路附近还有好几个这样的土丘，我不能断定哪一处是"天鹅抱蛋"，路边有个穿橘红色环卫工作服的女工在扫街，我上前问她，她摇晃几下脑袋，说不晓得，继续扫她的街。再往前走，路边围墙有一个"土地管护"标志的活动房屋，管护人员是个五十多岁的男人。他守护在这里，应该知道"天鹅抱蛋"的确切地点。我满怀希望走上前问他，盼着他能给我一个满意的答复。他听了半天，有些茫然地说："我是金堂那边的，你问这些我都不晓得。"的确，这一路问了好几个人，都是外地人在这里买了房子的，是新的城市移民，当然一问三不知了。我有些郁闷，只好打道回府。

过了几天，我继续寻找"天鹅抱蛋"。我来到赖家坡附近"胜天人居"小区前天鹅一路，沿路一边是一个菜市场，正值下班高峰，人来熙往，很是热闹。在菜摊位，我连问了好几个摊主，他们都说不知道啥子"天鹅抱蛋"，他们在天鹅七队租的房子，不是本地人，对过去一无所知。幸好旁边有个卖菜的农民，姓邓，1956年生的，今年六十一岁，天鹅七队的。他说，他还记得挖了个大坟，那是1977年，农业学大寨改田改土，队上要平那个坟包，他正好二十岁多点。后来文物队来了把坟里的东西拿走了，剩下砌坟的砖，队上安排他挑去铺机耕道。机耕道是泥巴路，下雨一包糟，砸碎了铺到上面就不粘脚了。他说，那座坟早就没有了，修了房子，一点影影儿都没有了，就在三环路对面康复医院。很感谢他，我总算寻到一点线索。

保和街办文化中心主任徐岚得知我在寻访"天鹅抱蛋"，她热情推荐街办社会发展科张林正为我联系天鹅社区负责人。张林正是老保和人，对下面的情况非常熟悉，在他的积极张罗下，我先后采访了天鹅社区主任钟根尧，天鹅社区八组李春林、冷培成等人，终于对"天鹅抱蛋"有了圆满的调查结果。

李春林回忆说，天鹅村以前叫保和公社光荣大队，因为金牛区营门口有个光荣大队，名字重合了。这里有"天鹅抱蛋"的传说，1981年，就改为天鹅村。当地传说，以前有只天鹅在这里抱蛋，后来天鹅飞走了，蛋却留了下来，天鹅的蛋，就是那个大坟包。大坟包占地有一亩左右，坟的外形是圆的，像一个蛋，长满了杂草。坟上有三头石猪，光溜溜的，旁边还有一根很高的石柱子，石柱顶上雕刻了一头狮子。大坟包是一座无主荒坟，从来无人照管，于是就成了村里孩童游玩的场所。村里的一些老年人还记得，他们小时候都骑过那几头光溜溜的石猪。

1977年冬闲时节，保和公社光荣八队学大寨大搞农田基本建设。在挖平大坟包的时候，社员刨开土层，发现下面有许多砖头，砖头的上面，依稀刻画有人物与动物的肖像，生产队马上把情况报告公社。不久，市上的文物管理部门派来了考古队伍，经考古发掘，才知道"天鹅抱蛋"的"蛋"居然是五代后蜀重臣张虔钊之墓。

冷培成给我画了一张示意图，还将我带到"天鹅抱蛋"的原址，成华区东虹老年病医院。他给我讲："天鹅抱蛋"以前有一条土路，是从乌龟桥（五桂桥）、杨柳店经"天鹅抱蛋"过倒石桥到龙潭寺、西河、洛带的要道。"天鹅抱蛋"是个平地，坟包是用土垒起来的，前面有一口堰塘，是挖土堆坟形成的。他的说法与墓志"葬于成都东郊华阳县普安乡白土里高原"相吻合。成都市文管处撰写的《成都市东郊后蜀张虔钊墓》也证实"墓室埋在黄土丘陵高坡之下，其前是一开阔平地"。

"白土里"是普安乡的一个村，这里"高原"的"高"是指高于平原的东山，"原"是指开阔平坦之处。"高原"是源于西北、晋陕的说法，比较大的台地就叫"原"，比如五丈原、白鹿原、和尚原。张虔钊是唐代辽州（今山西左权）人，墓志仍沿袭北方说法将华阳东山称为"高原"。

天鹅社区主任钟根尧补充了一个很重要的细节：当年平坟的时候，坟包里有很多大鹅卵石，像一窝一窝的蛋。他说，"天鹅抱蛋"就是天鹅孵蛋，孵蛋肯定不会是一个，而是一窝。

他的说法更具形象，更接近传说。

后蜀两代帝王重臣

张虔钊与赵廷隐都是后蜀孟知祥、孟昶两代皇帝的开国重臣，两人去世时间仅相隔两年，两人墓葬之地相隔咫尺。有趣的是，两人的墓葬出土文物在成都博物馆五代后蜀展厅中都占有十分重要的突出位置，但两人的墓葬文物却大相径庭，差异很大，展示了两人不同的地位，不同的性格和情趣爱好，也展示了后蜀文化艺术的繁荣和多元化的艺术成果。

2016 年 6 月，位于成都市中心天府广场一侧的成都博物馆新馆开馆，随着参观的人流，我来到了三楼"花重锦官城——成都历史文化陈列"馆。在五代前后蜀历史文物展厅中，保和出土的张虔钊墓棺床柱子抬棺力士人像石刻和棺床壸门动物画像石刻引起了我极大的兴趣。抬棺力士人像卷发披头、高鼻、阔嘴、鼓眼、赤脚、裸身，肌肉发达，手腕佩环，或盘腿或跪姿，神态各异，惟妙惟肖。动物画像石刻有狮、马、獬豸①、鹿、麒麟、貘②，都处于奔跑、运动之中，充满了活力与刚猛。

---

① 獬豸（xiè zhì）：又称獬廌、解豸，是中国古代神话传说中的神兽，体形大者如牛，小者如羊，类似麒麟，全身长着浓密黝黑的毛，双目明亮有神，额上通常长一角，俗称独角兽。獬豸拥有很高的智慧，懂人言知人性。它怒目圆睁，能辨是非曲直，能识善恶忠奸，发现奸邪的官员，就用角把他触倒，然后吃进肚子。它有神羊之称，是勇猛、公正的象征。

② 貘（mò）：哺乳动物，体形类似犀。鼻长能自由伸缩，无角，生活在热带。

▲ 孟知祥和陵墓抬棺力士　冯荣光摄

▲ 张虔钊墓抬棺力士　冯荣光摄

这符合张虔钊不喜粉艳歌伎、崇尚勇猛刚毅的虎将性格。

此前，我曾参观过永陵博物馆"前后蜀历史文化陈列馆"，里面展出的后蜀开国功臣、乐安郡王孙汉韶墓棺床柱子抬棺力士人像石刻和棺床壸门动物画像石刻，与张虔钊墓葬出土文物内容相似，也是卷发金刚大力士和奔马等祥瑞动物，但两者的石刻艺术水准差异很大。孙汉韶墓石刻线条粗糙、简单，人物和动物造型略显呆板，而张虔钊墓石刻人物卷发和动物鬃毛线条十分细腻、均匀，人物和动物造型非常生动，富有活力，可以说张虔钊墓石刻是后蜀石刻艺术的代表之作。

张虔钊（882—948），唐代辽州人，从小不习文墨，而喜欢从军，年方十八，骑马射箭刀枪棍棒娴熟，武艺超群。《旧五代史》载："初为太原牙将，以武勇闻于流辈。"张虔钊以他卓越的战功，在晚唐、五代历史上，用刀剑在血与火的战场上铸就了赫赫虎将的声威。应顺元年（934），孟知祥在成都登基称帝，建立蜀国，史称"后蜀"。不久，潞王李从珂与唐闵帝争夺帝位，后唐发生内乱。山南西道节度使张虔钊与武定军节度使孙汉韶乘机起兵，一起归附后蜀。孟知祥见两员虎将归蜀，欣喜若狂，如虎添翼。同年六月，孟知祥在皇宫设宴款待张虔钊、孙汉韶等人，张虔钊举杯向蜀主祝福，孟知祥突然发病，手不能举杯。七月，孟知祥病逝，儿子孟昶继位。张虔钊等一班开国功臣仍得到孟昶的重用。张虔钊死后被追赠为太子太师，赐谥温穆。

赵廷隐位列三公，墓葬则是极尽豪奢，内容丰富。

赵廷隐墓葬中的文吏俑、武士俑，高大精美，生动传神。最突出的是大厅中展出的一组彩陶伎乐俑，高约零点六米，有近二十个神态各异、表情丰富，手执琵琶、筚篥、羌鼓、齐鼓、笙、排箫等各种乐器的伎乐。这一组伎乐俑，是赵廷隐生前专门私人定制的。在目前的考古发现中，是西南地区唯一的、最为精美的后蜀邛三彩陶制伎乐俑，展现了当年成都地区陶瓷烧制已达到了相当高的工艺水平，奠定了宋代川窑制陶的国家地位。

前蜀皇帝王建永陵棺座二十四伎乐石刻和后蜀赵廷隐墓出土的大批彩绘伎乐俑，最能体现五代成都宴乐之风盛况。唐代以来，蜀地雅乐十分繁盛，"村落闾巷之间，弦管歌声，合筵社会，昼夜相接"（《蜀梼杌》）；北宋仲殊《望江南》写道："成都好，蚕市趁遨游。夜放笙歌喧紫陌，春邀灯火上红楼，车马溢瀛洲。"蜀乐、蜀舞名不虚传，后人称成都为"音乐名都会"。如果说永陵二十四伎乐是一支完整的宫廷乐队，那么赵廷隐的彩陶伎乐俑则是一支组合完美的私家乐队，可见赵廷隐对音乐、舞蹈的沉迷。

值得一说的是赵崇祚在后蜀广政三年（940）编纂的十卷《花间集》。赵崇祚是赵廷隐的儿子，后蜀四品官员。担任大理少卿，"掌邦国折狱详刑之事"；担任卫尉少卿，"掌邦国器械文物之政令"。赵崇祚对音乐、舞蹈等艺术很有研究，有极高的鉴赏能力。在后蜀少主孟昶加强集权，削减军人权力的重拳打击之下，赵氏父子为保性命，退出权力中心，由武向文转型，醉心于音乐、舞蹈之中，从而消除了孟昶的疑虑。赵崇祚与文人交友，专心致志编纂《花间集》，《花间集》就是在这样的政治背景下产生的，它是我国历史上第一部词集，对宋词的繁荣和发展产生了重大影响。

赵廷隐位高权重，能够家养伎乐，供其享受。他死后，不仅将伎乐队带入地下，还将自己的庭院带入地下。在墓后室略靠前方的位置上，摆放着一个长一点二米、宽一米、高零点三米的陶质庭院模型，极有可能是仿墓主人生前住宅所制。就在这个小型庭院当中，出现了身着红袍、神态自若、袖手坐在一把靠背椅上的陶塑墓主人像，这人就是赵廷隐，周围还布列着五个呈站立姿态的陶质服侍人物俑，墓室规制不失三公威仪。

赵廷隐在成都城南建有豪华私宅，名"崇勋园"。孟昶时代，后

▲ 赵廷隐墓彩陶乐伎 王晓龙摄

蜀高官竞相攀比，修建私家豪宅。无论是规模还是豪奢，没人比得上赵廷隐。《蜀梼杌》记载："后蜀广政十五年三月，诏以赵廷隐别墅为崇勋园，幅十余里，台树亭沼穷极奢侈。"《太平广记》称"其起南宅北宅于江渎池上，千梁万栋备极奢丽"。宋太祖乾德三年（965），成都人耿焕写了一本《野人闲话》的书，描述更为详细："中令赵廷隐起南宅北宅，千梁万拱，其奢丽，莫之与俦，宅后枕江渎，池中有二岛屿，遂甃石循池，四岸皆种垂杨，或间杂木芙蓉。池中种藕，每至夏至，花开鱼跃，柳荫之下有士子执卷者、垂纶者，执如意或尘尾者、谈诗论道者。一旦，岸限有莲一茎，上分两歧，开二花。其时太平无事，仕女拖香肆艳，观者甚众。廷隐缋图以上，蜀主叹赏。一时播诸歌咏。宅枕江渎，正在城南也。"

赵廷隐生前生后都是极致的享乐主义者，"打天下"的目的就是享乐，尤其是因避权斗之祸而退隐赋闲之后更为奢华。

棺座石刻力士像的问号

不少观众在展厅看到张虔钊墓棺座抬棺力士卷发、裸身、赤脚、手腕、脚胫都有环饰，无论怎样看都不像汉族人，觉得很奇怪，这也引起了一些学者、专家的注意。其实，这种抬棺力士石刻造型，不仅张虔钊、孙汉韶墓有，在孟知祥和陵棺座也有。

再看看前蜀永陵王建墓，我们会发现，王建墓棺座扶棺力士"十二神"石像与后蜀抬棺力士石像，无论是在人物造型还是艺术风格上都迥然不同。王建墓扶棺石像均为戴头盔，身披"锁子甲"的武士，双眼圆睁，嘴唇紧闭，精神饱满。永陵发掘主持人冯汉骥先生①认为这组石像与道教"十二天将"有关，意在驱邪护冢，保护墓主，显然这与中国传统文化有关。

前后蜀相距时间并不长，但墓葬棺座石像却体现了不同民族文化的继承和融合，前后蜀大量引进北方和西北少数民族文化艺术，并将汉民族文化与少数民族文化相互融合，创造了五代前后蜀灿烂的多元文化艺术。

1974年，宁夏博物馆的考古学家对西夏陵园的六号陵地面遗迹进行了清理，发现了一件造型奇特的石雕文物，整体近似一个正方体，正面是一个圆雕男性大力士。大力士面部浑圆，颧骨高高突起，眉毛粗重，微微向上翘起，鼻梁又宽又短。令人惊叹的是大力士双眼圆睁而外突，仿佛正在竭力将背上的石碑背起。两颗外露的獠牙，使大力士显得十分勇猛，真有那种"力拔山兮气盖世"的雄风。大力士的下颚顶在胸前，除胸前的肚兜外几乎赤身裸体，展示着他雄健的体魄。按照党项族的风俗，男子佩戴一只手环，女子戴两只，这在石雕力士志文支座中可以被清晰地看到。

这件文物因其所具有的历史价值和文物价值，经专家鉴定确认为

① 冯汉骥（1899—1977），字伯良，湖北宜昌人，著名的人类学、历史学、民族学家。1919年入武昌文华大学文科兼图书馆科，1923年毕业后任厦门大学图书馆襄理、主任。1931年赴美留学，入哈佛大学研究院人类学系，后转入费城宾夕法尼亚大学人类学系，1936年获人类学哲学博士。1942—1943年，他主持了前蜀王建墓的发掘。1962年，他完成了《前蜀王建墓发掘报告》的编写，可视为先生二十年辛勤劳动之总结。此书的出版，不但是考古学上的重要成绩，也为我国工艺美术史、建筑史和音乐史做出了贡献，同时也是我国现当代考古学上的一座丰碑。

国宝，现为宁夏回族自治区博物馆收藏。从面部表情来看，这件力士志文支座可能是西夏传统中的奴隶力士，而其跪坐的姿势和装饰，和当时西夏社会习俗有关。西夏是由党项族建立起来的，党项族生活在今青海省东部和四川西北部，与西南少数民族曾有密切的联系，在文化、风俗上也受到西南少数民族一定的影响，如手腕、足胫都带有环饰。而环饰是我国古代西南少数民族早已流行的一种装饰。《册府元龟》的《土水三·附国》条中提到了"项系铁镶，手贯铁钏"。至于大人、小孩常年赤足，这在唐樊绰的《蛮书》及两本唐书《西南蛮传》《西戎传·党项羌》中都有记载。

有专家分析，西夏这种负物力士形象与五代后蜀孟知祥、张虔钊、孙汉韶诸墓中出土的抬棺力士像多有相似，唯后蜀石刻力士卷发披肩，有的戴幞头，有的盘坐，与西夏力士形象有差异。除此之外，从构图到造型、装饰技法等均如出一辙，如眉、目、肚、腹的雕刻，手腕、足胫的装饰，浑圆粗犷的造型等手法。由此而知，西夏雕刻的力士形象，显然和后蜀有着某种渊源。

这"某种渊源"，就是后蜀皇帝孟知祥以及张虔钊、孙汉韶等一大批后蜀开国元勋、将领都来自北方或西北，他们入蜀后，这些"南下干部"将北方的文化艺术和专业人才引进西蜀，与蜀地文化加以融合，极大地丰富了蜀文化。因此不难理解，在五代前、后蜀时期，无论是王建还是孟知祥都没有文化专制的概念，对文化都持开放、包容、融合的态度。孟知祥和陵穹顶体现的"草原风"，张虔钊、孙汉韶棺床抬棺力士的体现的"西北风"，赵廷隐墓彩绘伎乐体现的"西域风情"，也正是这种文化大开放、大融合在上层人物墓葬中的体现。

窖藏的"李四郎金"

"李四郎金"首展成都博物馆

在成都博物馆新馆"成都历史文化陈列"两宋历史文化展厅，展出了原金牛区保和公社出土的宋代窖藏金器：金牌、金铤、金钗。这批文物自 1977 年被发现，到四十年后才在成都博物馆首次亮相。它们又是怎样被发现的呢？成都博物馆为什么给予它们如此高规格的展示地位呢？它们的文物价值如何？因为展厅没有详尽的文字说明，给观众留下的是一个个期望被解答的"问号"。

我查阅过《成都市金牛区志（1960—1990）》，在第二十五篇第三节"出土文物"中有所记载："斑竹村金器窖藏。1978 年，保和乡斑竹村农民改土时发现。窖藏距地表 0.8 米，内装一只施酱色釉的双耳罐。罐口压以青砖。罐内装金器 74 件。其中金铤 70 件，金牌 2 件，金钗 2 件，共重 4062.9 克。"

出土窖藏金铤、金牌的地方早已不是当年的乡村模样了，中环路锦绣大道一座跨越驿都大道（老成渝公路）的立交桥改变了周边一切。原保和乡斑竹村八组村民，七十四岁的蒋思友带我来到现场，指认发掘地点，向我讲述 1977 年"李四郎金"出土的情况。

1977 年，保和公社斑竹大队正掀起轰轰烈烈的"农业学大寨"高潮。那天，大队的社员正在农田改土，挖土的、担土的干得热火

▲ 成都博物馆展出的李四郎金牌　冯荣光摄

朝天。在老成渝公路北边是一个干枯的堰塘，一条高约一米的堰埂需要挖掉，平整出一块土地来。堰埂上有一笼竹，旁边是个小小的土地庙。社员们将竹子砍了，土地庙也挖了，堰埂的黄泥巴土很板结，要用钢钎插下去，再把土撬松。有个社员挥动钢钎一下插下去，听到一声响，撬开土一看，是一个瓦罐。瓦罐已经被钢钎戳烂，露出里面泥浆混合的东西。当时社员很多，听说挖到东西了，大家纷纷围上去看稀奇，并开始捡拾这些东西。有人捡起罐里的东西，拂去那层黄泥，说是一块黄铜。有的拿着反复地看了看，认为是黄金。"挖到黄金了"，消息一传开，队长李忠诚立即向保和公社报案，公社和大队立即通知社员把捡到的东西全部上交，并安排民兵排查哪些人捡了，必须如数上缴。几十年过去了，斑竹村老一辈还记得，那时捡到出土的东西，没有人敢私藏起来，需要上交的东西，后来全部交给了公社。至于捡到的到底是什么东西，没有人再去关心这些事了。

在成都博物馆展出的保和公社出土的文物宋代金牌、金铤和金钗，就是当年斑竹大队社员钢钎"凿"出来的这批窖藏文物。金铤呈长方形薄片状，金牌大致呈方形、上方有孔，金铤和金牌上分别标有"李四郎""晋李四郎金""晋姚九郎金""李四郎八六出门金""华州田□"字样的钤印铭文。

为什么每块金牌、金铤上都要打上钤印文字呢？在宋代，金牌铸有姓氏或名号，表明这些金银铺号皆属私立，虽非官方，但也是经官方认可了的合法经营户。宋代的金银铺号大多为私立，受官方鼓励、支持和监督，官方可以从金银铺中收取一定比例税金，铸造这种货币可使官私方都获取很丰厚的利润。另外从商业角度来说，留下这些店铺商号、工匠人名，既是对社会商业信誉的维护，也是商号对买主的质量负责，同时也有利于社会对产品质量的监督。产品质量有问题，便可追溯到生产商号。

其实，在生活用品和工艺品及金银首饰上打上或烧制上地名或工匠人名，在我国古代很早就有这种习惯。比如在长沙马王堆汉墓出土的汉代漆器，就刊有"成都饱""蜀都郡工官""蜀都西工"等铭文。只是到了两宋时代，随着经贸的发展，更加风行一时而已。

金牌上的"晋李四郎金""晋姚九郎金"标示是晋州李四郎和姚九郎金银铺商号铸造的，宋徽宗政和六年（1117）撤销晋州升格为平阳府。据此可以认定，李四郎和姚九郎金牌应是北宋时期铸造的，北宋时期的金牌出土文物极其少见，因此尤显珍稀。华州与晋州相邻，还包括附近的金州，都是宋代金牌铸造的加工地区。1127年"靖康之变"，北宋灭亡，宋室南迁，这些地方就被金占领，成了金国的版图。这些具有流通性质的金属货币始于北宋，盛于南宋。然而，细看一下，宋代金牌上的铭文字体往往很粗糙，没有美感可言。只能这样理解吧，民间商号在铸制金牌时，着重于金牌本身的经济价值，对金牌的外观几乎没有什么讲究。

两宋时期，黄金在市面上开始流通，朝廷也允许私人商号铸制金牌，也印证了南宋时黄金货币已非仅限于皇宫内的"赏赐钱"，而是已在民间自由流通、兑换、使用的真正货币。金牌、金铤在流通领域的作用，主要体现在这几个方面。

1.用于赏赐

《玉堂杂记》为南宋周必大所作，是根据他在孝宗朝任翰林学士期间的随笔记录整理编辑而成的。周必大在《玉堂杂记》中有"例赐牌子金百两"的记载，这是指南宋政府对官吏的赏赐。另宋人所著的《云仙杂记》卷五《金牌盈座》曰："河间五夜饮，妓女讴歌一曲，下一金牌。席终，金牌盈座。"这是对歌伎的赏赐。用金牌打赏，这是不同一般的重赏。

2.用于保值和贮藏

北宋后期，宋、金处于战争状态；南宋中期的宋蒙战争，社会处于动荡时期，人们都愿兑换金属或贵金属货币以求保值，民间向来就有贮藏金银以防不测的习俗。南宋鲁应龙《闲窗括异志》就有出土金牌的记载："李园者以种圃为业，初甚贫。一日挥锄，忽粪土中有声，掘得一瓮，皆小金牌满其中。"以成都地区为例，1972年彭县出土唐代窖藏铜币三千三百公斤，1982年新都县黄田村出土唐代窖藏汉至唐代钱币十六点五万枚，1985年彭县九尺出土清代窖藏银锭二万二千六百七十七克。在国内其他地区，金牌、金铤的出土形式也大多为窖藏。所以将贵重的金银货币埋藏在地下，从古至今都被认为是防盗、防匪、防战乱最保险的方式。

3.用于商业支付

在商业流通中，因为金牌特别标明了黄金的成色和含量，为买卖双方提供了可信的标准，有利于公平交易。金牌是信得过的货币，承担着高额货币支付的功能。

从国内出土的金牌、金铤中，涉及金银铺号竟多达十余家，反映了两宋时期金牌、金铤已被广泛铸造，并在一定的流通领域内使用。

4.用于纳税

出门税是两宋时期的一种商税。宋代商税分"过税"与"住税"两大类。

"李四郎八六出门金"铭文，就反映了南宋金牌用于纳税的历史事实。这枚金牌极其少见，因是"出门金"，金牌的成色不是足赤，而是"八六"成色。出门做生意，行商要交纳"出门税"，两宋时期商税征收的一种重要方法就是在各城门口设置税卡向行商"逐门收税"。《宋史·食货志》："行者买卖，谓之过税，每千钱算二十，居者市鬻谓之住税，每千钱算三十，大约如此。"就是说，行商要交"过税"，店商要交"住税"。保和公社出土的"李四郎八六出门金"金牌，是宋代经济税制的重要实证，对研究宋代经济具有较高的价值。

瓦罐里的宋代货币史

1977年，保和乡斑竹大队农民不经意间一钢钎将八百多年前两宋时期辉煌的历史给凿了出来，这是一段尘封了的宋代货币史。在中国历史上，宋朝是上承唐五代、下启元明的时代，两宋时期的成都正是经济、文化、教育、商贸高度繁荣的时代。"宋朝对成都及四川地区的经济地位和战略地位高度重视，以其险、远、富、要的特殊性而长期施以特殊化的统治政策，从而确保了成都及四川地区社会局面的长期稳定、经济文化的鼎盛发展，既为宋王朝经济文化'造极'于古代、成为当时世界上最为发达的国家做出了重大贡献，也为宋王朝的长期统治特别是南宋的偏安和延续做出了重大贡献。"

两宋时期，成都地区的商品经济高度发达，蜀地的丝织、花卉、茶叶、造纸、印刷、陶瓷、酿酒成为最受消费者喜爱的商品。商人云集、交易活跃。北宋赵抃在《成都古今集记》载："成都府十二月中皆有市：正月灯市，二月花市，三月蚕市，四月锦市，五月扇市，六月香市，七月宝市，八月桂市，九月药市，十月酒市，十一月梅市，十二月桃符市。"除了每月有"市"进行交易，成都自晚唐还出现了"夜市"，到了宋代就更加盛行。以大慈寺为中心的夜市，是成都府城内最繁华、最热闹、规模最大的夜市，吃喝玩乐几至通宵达旦。

1977年继成都市金牛区保和公社斑竹大队出土宋代金牌、金铤后，在省外也陆续有所发现。1978年，江苏省常州市金坛区茅山窖藏出土一批宋代金牌；1979 年 11 月，在安徽省合肥市阜阳路百花井西侧扩建施工工地上，出土了一批南宋窖藏金牌和金铤。1997 年 3 月，山东省兖州市城区文化东路的一个工地，出土宋代窖藏金牌二十六枚。1999 年，浙江省杭州市西湖大道与定安路交叉口出土一批南宋金牌、金铤，被杭州市博物馆收藏。这些金牌、金铤的出土，为研究我国两宋时期的金银货币流通史提供了十分珍贵的实物资料。

宋代金牌目前发现极少，继保和斑竹发现后，在四川其他地区还没有这方面的考古发现。我在西南财经大学（温江校区）货币博物馆参观，也没有看到此馆有金牌展出，可见宋代金牌是十分稀有的特殊货币。在很长一段历史时期内，黄金一般不作为货币使用，而是作为建筑、艺术品的原材料。在唐宋时期，黄金开始成为流通货币。唐宋时冶金业的发展使得青铜的生产量猛增，铜钱变成低廉货币，而稀有的金银在宋代跃升为高额货币。

以成都为中心的巴蜀地区，在宋代是一个相对独立的货币区，被称为"铁钱区"，即流通的货币主要是铁钱。然而，铁钱笨重，宋人李攸在《宋朝事实》卷十五《财用》中写道："小钱每十贯，重六十五斤，折大钱一贯，重十二斤。街市买卖，至三五贯文，即难以携持。"买卖双方若是进行大额交易，货币需求量大，铁钱就相当不方便了，成都人为此发明了纸币"交子"，顺应了市场流通的需求。金牌作为市场流通的高额货币，虽然没有纸币"交子"在市面上广泛应用，但是由于其价值贵重，拥有者仅为巨贾富商，显而易见只能在一定的小范围内流通使用。保和乡斑竹村出土的这批北宋时期的金牌、金铤，足以说明金牌在成都地区市场流通的情况。

金牌是研究我国古代贵金属货币不可忽视的一部分，而宋代金牌又是贵金属货币体系中较为少见的品种之一，由于传世的寡见和出土的稀少，往往容易被人们忽视，宋代金币的形成有币、锭、饼、牌、笏、瓜子金等，其中以"牌"最为少见。

随着唐代货币系列化完成的继续和两宋贸易的扩大发展，金币的使用越来越广泛，于是，逐渐在市场上广为流通了。而宋代金牌避免了以上的诸多不便，打制成一定规格，一定重量的小块，打印上代表自己店铺商号的文字，打印上其重量及含金量，用自己的信誉保证它的成色和重量准确无误。又采用统一标准，使之在各地市场上流通，一时间，各地商号纷纷仿效。

这种简易方便、切实可行的方法在我国金币使用史上是第一次，它的确是一个了不起的飞跃，是我国古代劳动人民聪明智慧的结晶，同时也标志着金币在市场上的流通使用进入一个新阶段，在我国货币史上也有着极其深远的影响和意义。

宋金牌使用情况除了上述提到的广泛用于商业支付外，还有一个作用，即交纳赋税。值得重视的是宋代金牌中的"出门金"，我国出土宋代银锭上发现铭文为"出门税"的，已屡见不鲜，"出门金"却极其罕见。从目前考古出土文物来看，仅见成都保和斑竹、江苏常州茅山、安徽合肥出土的金牌上有"出门税"字样，所以尤为珍贵。

保和斑竹出土的金牌、金铤，从金融货币这个角度揭开了两宋时期成都地区经济繁荣的史实，高额金牌货币在成都地区出现，进一步印证了"宋代是四川历史上经济高度发展的黄金时代""以成都平原为中心的四川盆地……是当时一个重要的经济财政区域"①。

是谁在保和斑竹窖藏的金牌、金铤？是达官还是贵人？这已经不重要了。重要的是为什么要将金牌、金铤窖藏在这里。这显然涉及南宋理宗端平年间蒙古入侵四川旷世惨烈的"成都大屠杀"血腥历史。

南宋理宗端平三年（1236），蒙古皇太子阔端率数百名精锐骑兵突袭成都，南宋成都知府丁黼率所部兵马出东门迎战。半夜，蒙古骑兵突然包围驻扎在石笋桥的丁黼营寨，激战中，丁黼中箭殉难于桥头菜地之中，全川为之震动。蜀地官吏吴昌裔在《论救蜀四事疏》中向宋理宗痛陈蒙古军队的血腥暴行："端平乙未（1235），虏侵汉、沔，汉、沔以内，生聚未尽空也。迫至去冬，其祸惨甚。盖自越三关，破三泉，摧利捣阆，窥文挠巴，而利路虚矣。毁潼、遂，残梁、合，来道怀安，归击广安，而东州震矣。屠成都，焚眉州。蹂践邛、蜀、彭、汉、简、池、永康，而西川之人十丧七八矣……""然昔之通都大邑，今为瓦砾之场；昔之沃壤奥区，今为膏血之野。青烟弥路，白骨成丘，哀恫贯心，疮痍满目……"

南宋端平战乱，天府之国遭到蒙古铁骑的疯狂蹂躏，唐代大诗人李白歌吟的"九天开出一成都，万户千门入画图"的锦绣芙蓉城，在"烧光、杀光、抢光"的血腥浩劫中，唐、五代、两宋以来的辉煌文明，在草原民族弯刀的寒光下，在蒙古铁骑强弓硬弩中化作瓷器般的碎片，蒙上血色的尘埃而黯然失色。清同治《成都县志》记载："元，贺清权成都，录城中骸骨一百四十万，城外者不计。"《三卯录》记载：

---

① 贾大泉：《宋代四川经济论述》第 2 页，四川省社会科学院出版社 1985 年版。

"蜀民就死，率五十人为一聚，以刀悉刺之，乃积其尸。至暮，疑不死，复刺之。元人入成都，其惨如此。"①惨绝人寰的"成都大屠杀"毁灭了一座千年名城及其承载的丰富多彩的历史文化，以致后来某些学者不晓历史缘由，竟视四川为"蛮荒之地"，即无文化、无文明的代名词，可谓悲矣。

金牌的主人是谁？无从得知，从其窖藏的金牌数量来看，那绝对是个做大买卖的富商。面临端平战乱、家园被毁，唯一的选择就是逃难，携家带小顾命要紧。金牌带在身上，那是惹祸的东西，看来他对东山地形比较熟悉，斑竹人烟稀少，荒郊野外，用罐子将金牌埋在地下，神不知鬼不觉。也许，他做了记号，期冀有一天重返成都，便于找到窖藏。可是，那一去，人再也没有回来了，像尘埃一样消逝了，那个朝代也最终沉没在崖山茫茫大海之中，那罐金牌一沉睡就是几百年。

---

① 胡昭曦、唐唯目：《宋末四川战争史料选编》第510页，四川人民出版社1984年版。

《宋高平郡范氏诔文》

　　说起诔文，十有八九不知为何物。诔文是古代祭文中的一种文体，又称诔辞、诔状、诔词，其内容主要是记述死者生平，寄托哀思。最早的诔文是春秋时期鲁哀公的《孔子诔》。周敬王四十一年（公元前479），孔子去世，鲁哀公亲自祭祀孔子，在《孔子诔》祭文中哀悼说："旻天不吊，不慭遗一老，俾屏余一人以在位，茕茕余在疚，呜呼哀哉！尼父！无自律。"① 诔文是一种书面的祭悼文体，能享有诔文的在古代大多是有比较显赫地位或有相当声望的人，一般庶民是不配使用这种文体的。

　　张渝新先生在《论新发现北宋范祖禹侄女诔文的价值》中说道："据不完全统计，从先秦至清代，中国有记载的诔文只有122篇。其中先秦2篇，西汉1篇，东汉5篇，三国14篇，西晋38篇，东晋8篇，南朝16篇，隋朝4篇，唐朝7篇，宋朝2篇，元朝0篇，明朝11篇，清朝14篇。从中可以看出，受汉赋影响韵文流行的魏晋南北朝时期是诔文最为繁荣时代，共流传下了76篇诔文，而宋元时代是诔文最少的时代。"

　　范祖禹侄女范沂"葬于华阳县普安乡白土里"，即今保和街办天鹅社区范围内，在她的墓葬中发现的《宋高平郡范氏诔文》具有十分

①　《左传·哀公十六年》

重要的文物价值。截至范氏石刻诔文被发现之前，在我国文物考古中还没有一块诔文石刻文物出土。范沂石刻诔文是北宋宣和元年（1119）石质原件，距今将近九百年历史，也是目前唯一可见的石质诔文，填补了这一空白。石刻原件为两块 70×70 厘米方形石碑，一块为篆书的额盖，上书"宋高平郡范氏诔文"；另一块为楷书的范氏诔文和序。整个宋朝三百多年间诔文仅有两篇，范沂诔文就占了一篇，从石质碑刻来看，更是独一无二。张渝新先生评价："《宋高平郡范氏诔文》的确是一件具有很大历史和文化参照物价值的出土文物孤品。"

诔文中"宋高平郡范氏"中的"范氏"，系墓主人，北宋范祖禹的侄女范沂，四十四岁因病去世。范沂是太尉范锴的曾孙女，太常博士赠通议大夫范百之的孙女。范沂"幼敏慧"，"每读书能晓义，喜事笔研。女红组绣，视为末事，亦不学而能"。家学渊源，家训卓然，范沂十分孝顺父母，深受父母喜爱。"纯孝盖天资"，"事舅姑如事父母"。后嫁予广文馆进士李德辉。

诔文中记述，宋哲宗元祐壬申（1091），夫君李德辉兄弟游学京师，不幸李德辉染上大病，生命垂危。后经范沂悉心照顾，调适饮食，审定处方，经医治，身体很快就得到了康复。李德辉十分感激，对范沂说："没有你，我遭此大难，几乎见不着你了。"范沂知书达理，音律医药，多所通晓。"贤乐善率"，尤笃于教子。凡家政裁断有裕，内外亲戚待之有礼，犯而不校，贫者赒之无德色。凡此种种，范沂在夫家得到了极大的敬重，成为女中之贤者。

诔文中"宋高平郡范氏"中的"高平郡"古称长平，炎帝故里，春秋战国著名的"长平之战"就在这里发生。秦统一后，属上党郡。

范氏最早的封地在山东范县，范氏因封地而得名，后来却被发扬光大于山西高平。所以全国各地的范姓家族，共奉"高平"为世代相袭的郡望。高平，即今山西高平市，属山西晋城市代管，名如其实，正是一块既高且平的高台地貌。

　　谏文中述"范氏有显人，为蜀右姓"。"显人"是指显赫之人。北宋时期"世显以儒"的华阳范氏，自宋仁宗宝元元年（1038）范镇中进士起，先后有二十七人中进士，有四人官至翰林学士，《宋元学案》列入者七人，华阳范氏遂成宋代重要的学术家族和政治家族，四川乃至全国卓有影响的名门望族，可谓"仕宦名门""史学世家""蜀学基石"。"三范修史"在北宋时期史学界曾引起轰动，三范指范镇、范祖禹、范冲，是成都府华阳籍的著名历史学者，他们分别参与了对史书的修校工作，其中，范镇参加纂修《仁宗实录》《起居注》《新唐书》《类编》等书；范祖禹是范镇侄孙，纂修了《神宗实录》《唐鉴》，并担任司马光修撰《资治通鉴》的主要助手；范冲是范祖禹长子，曾主持重修宋神宗、宋哲宗两朝实录。三范在中国史学、文学史上均占有重要地位，范祖禹所撰的《唐鉴》十二卷，被誉为"深明唐三百年治乱"的史学名著。

　　为什么李家在安葬范沂时要刻意为她撰写谏文呢？按说，这不太符合古代谏文的要求，范沂到底配不配呢？范沂虽是一介女流之辈，没有什么重要的学术贡献，然而她是"仕宦名门"之后，因其为人和善、理家勤俭、秉持范氏家风，受到夫家的极大尊重，这就足以让她享有谏文的超规格待遇。范沂的曾祖父是范错，她的爷爷是范百之，她的父亲范祖仁是范祖禹的亲兄弟，官职为承务郎（宋代为文散官第二十五阶）。范祖禹是她的大伯，范祖禹的两个儿子，一个叫范冲，一个叫范温，是她的叔伯兄弟。绍圣元年（1094）范冲中进士，在史学上颇有造诣；范温喜好文学，黄庭坚曾赋诗称赞"范侯年少百夫雄"。

范沂与中国历史上著名的"三范"三位亲戚生活在一个大家庭里。华阳范氏聚族而居，数世同堂。才华出众的大伯和两个叔伯兄弟，对范沂都产生了影响，范沂在这个大家庭中既能感受到温暖，又从小受到范氏文化的影响和范氏家风的熏陶。

诔文中记述范沂身前曾留下遗嘱："夫人尝谓，承先祖，奉祀钦，事舅姑，辑睦内外，皆夫人常职，死不足书。每观世人所谓志铭类，多溢美，不惟诬人，实亦自诬。因命诸子，吾死后，必勿为，当识吾志。"从这可以看出范沂的确与人不同，她要求她的墓志铭实事求是，不溢美也不诬人，也许她也是因为这样，才能受到亲属的尊重。黄浩教授与李德辉是好友，对范沂平日所为"喜闻而乐道之"。范沂因病去世，"内外亲戚与凡乡人，来吊者，哭尽哀。虽闾阎细人，无少长皆为流涕。"黄浩教授在诔文中对她的评价是"其在家为淑女，既授室为顺妇，克相其夫为令妻①，善教其子为贤母"。宋高平范氏诔文并序，是由迪功郎充昌州州学教授黄浩撰写、她的弟弟宣义郎知州九陇县丞勾学事范洪书写、朝请大夫直徽猷阁提点西京嵩山崇福宫赐紫金鱼袋张察篆盖，三人合璧而成镌刻于石，留下了一段十分珍稀的范氏家族史，成为宋代诔文孤品。

---

① 谓德行美善的妻子。

"北有南开，西有树德"

　　孙家祠，位于保和街道东升社区九组，原系中华民国政府国民革命军上将孙震（字德操）在华阳县保和场修建的一个孙氏祠堂支祠。孙家祠始建于 1926 年，孙震因祭祀其父孙芷卿而建。1929 年，孙震利用家祠创办了私立树德第一义务小学，成为树德教育的发源地。历时十年，几经发展，建成从树德小学到树德中学完整的教育体系，名贯大江南北，树德中学跻身于民国六大名校之列，被誉为"北有南开，西有树德"，在中国西部"抗战大后方"创造了一个教育奇迹。现今祠堂正堂、后院、古井、古树等部分建筑和遗迹尚存。1998 年，孙家祠被成华区人民政府列为"区级文物保护单位"。

孙家祠的记忆拼图

2017年6月5日，在亲友聚会上，陈开春给我津津有味地摆起保和场过去的老龙门阵，这些老龙门阵深深吸引了我。陈开春出生在保和，家住保和场下街，将近二十年都生活在保和，直到参军离开家乡。1965年读小学就在孙家祠，一直到1969年合班转入中心校，才没有在孙家祠读书。他约我下午去孙家祠转转，看看当年的母校，这正合我意。

午后，成都又是一个蓝天白云的"高原天气"，刚进6月，火辣辣的太阳就像伏天的骄阳，热浪滚滚，路上没有可以遮阴的地方，强烈的阳光耀眼而炙人。

从万年场过沙河多宝寺桥便是槐树店了。过去，槐树店往上走是一个陡坡，过了这个坡就接近郝家堰了，再往赖家店走，就会看到一个绵长的坡，四川人俗称"懒坡坡"，意思是你得慢慢地走，悠悠地走，走急了是很亏脚很累人的。大凡从平原大坝走上通往华阳东山黄土高坡这条路，走路、担挑、拉车或抬轿的都要在槐树店这个幺店子歇歇脚，然后才有充足的力气"挣"上坡。坡快到顶，离保和场一里多，路边的右侧立有一个大碑，人称"孙家大碑"，即现在的"交大梦家"楼盘。大碑旁有一条可通行汽车的土路，过了一片楠木林，约一公里路就能远远望见地势微微起伏，坐落在湾地中央屋宇高轩、青瓦灰墙、树冠如云的民居建筑，这就是位于现保和街道辖区东升社区九组的孙家祠堂。但这条路已不通了，"交大梦家"将这条路封闭了。

在和悦路和成洛大道丁字路口南边有一处垃圾处理站，这是一条通往孙家祠的支路，陈开春带我从这里过去。转过垃圾站，前面施工封路又走不通了。一个叫"旭日苑"的楼盘正在施工，轰轰烈烈，十余栋百米高楼拔地而起。

顶着太阳，我们往回返，一路想孙家祠不知道拆没拆。不想带着遗憾回去，忍不住向垃圾站守门的大姐打听，大姐很热情，告诉我们说，还在，那是文物没有拆，我们可以从那个埂子上绕过去。根据她的指点，在施工围栏旁边草丛中有一条小路，看样子还有人走。那条埂子与成昆铁路线平行，路边还残留着一些庄稼，地里种着苞谷、红苕、海椒，绿油油的一片，在铁路和高楼之间的夹缝中仿佛宣示着它们不屈的存在。绕过"旭日苑"楼盘，远远地就能看见被一片绿树掩映着的青瓦民居，陈开春说"那儿就是孙家祠"。

到了孙家祠大门，里面正在进行封闭式维修，看护的人员不让进。我们说是街办的，才让我们进去。大门里面是一个小坝子，旁边正在修建一座戏楼。往里走还有一道内门，一条幽巷串联起几个庭院，曲径走到尽处，是一个四合院，也就是孙家祠的祖堂。

离开孙家祠许多年了，陈开春依然印象深刻，如数家珍："孙家祠面目全非了，门的朝向也变了，只有祖堂还保留了点儿原样。"他找到当年读书的教室，教室空空，情景依旧。1965 年，他在这里读书，那时叫孙家祠小学，"文革"后又改称保和小学、东升小学。

祖堂院中还保留着当年那棵黄葛树，茂密的枝叶像一把大伞遮蔽了强烈的阳光，树荫下清风入怀，凉爽宜人。祖堂是当年小学校长和教师办公的地方，过去全是木质地板和木质天花板。院子很大，只有一个四合院子。现在看到的是改建后中间隔出来的一排房子，被分成了前后两个院。祖堂院坝是青砖铺地，出祠堂大门就是一个大操坝，学生上体育课就在这个坝子，有单双杠。坝子外是一条红砂石板铺的路，两侧全是夹道柏树，非常漂亮。一公里外是孙师长的兵营，后来被当做树德一小高小部。民国初期四川军阀搞"防区制"，孙震时任川军第二十一师师长，保和一带的当地人至今仍然习惯称呼孙震为"孙师长"。

我站在改建后的二楼平台上打量四周，因为城市建设，周边已是新建的成绵乐、成遂渝城际高铁和正在修建的高楼群，输电高压线在祠堂上空织成了一道天网，旁边则是一个很大的建筑材料堆放地，沙、石、砖和房屋拆迁后的建筑垃圾零乱地铺满一地，周边的地形地貌已发生了很大的改变。

我随陈开春转到孙家祠后花园，施工现场十分杂乱。后花园那棵香樟树还在，工人正在香樟树旁开挖地下排水沟。在一座亭子旁边立有两个水泥石柱，上面嵌有石刻楹联。凉亭和水池占了后院一半的面积，"亭子和水池是后来修的，"陈开春向我描述着后花园的情景，"后花园过去占地约二十亩，60年代修建成昆铁路花园被截去了一部分，只剩下一亩地大小。过去，后花园有砖铺的花径，园中种有紫荆树、桂花树、银杏树、黄葛树，后花园附近还有一口堰塘，叫'母猪堰'，现在这些都没了"。

让人称奇的是香樟树旁边那两口并排的"双眼井"，这是当年的老古井。从祖堂侧的小门出来，街沿下曾铺有三级红砂石台阶、石板

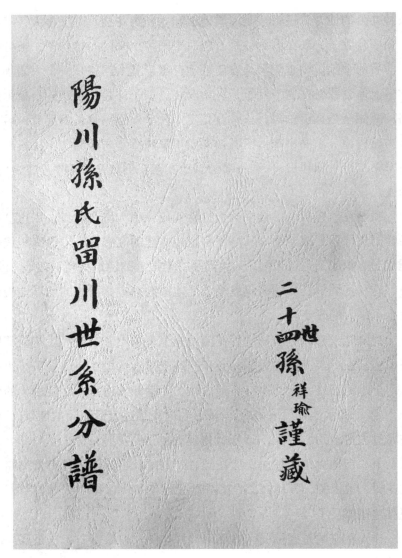

▲ 阳川孙氏留川世系分谱　冯荣光摄

▲ 孙家祠祖堂　冯荣光摄

▲ 孙氏族人参观孙家祠　冯荣光摄

小道和方形井圈。看似"双眼井"，实则两口井是相互独立的，井壁布满绿茸茸的苔藓，井水还清澈见底。水井，勾起了陈开春学童时代的幸福回忆，"这两口井的井水冬暖夏凉，每到夏天，下课或放学，我们就要打井里的水来喝，又凉快又回甜……"时过境迁，星移斗转，站在孙家祠后花园，老成昆铁路和成绵乐城际铁路、成遂渝高铁新线上列车轰隆隆呼啸而过，几分钟一趟，十分频繁。时代的列车在奔向未来，历史的风云已成为孙家祠香樟古树一圈一圈不朽的年轮。

　　杨光福花了好几天的工夫，将手绘《孙家祠复原图》画好了。我约他在离他家很近的双桥路茶楼喝茶，他带上这幅手绘图给我看。接过图，我很惊异。尽管我和陈开春一起到孙家祠现场看过，也听他口述过孙家祠的"过去"，在头脑中仍然是模糊的、不成具象的，无论如何也不能完整地拼接出孙家祠的原貌。这幅手绘《孙家祠复原图》经过李长松、田永昌等曾在保和工作过的老同志审看后，进行了补充完善，真实地再现了孙家祠当年的历史风貌。这是一座典型的极富川西特色的四合院式的宗祠建筑，古朴庄重，简约明快，与我看到改建后的繁复冗赘的孙家祠，完全是两种截然不同的风貌。

　　近三十年来，孙家祠周边环境发生了很大变化，城市化的浪潮将原有的乡村民居变为一幢幢的摩天高楼，原来靠这片黄土薄地耕种的农民，都已成为城市居民。年届六旬的刘大森曾是这里的原住民，对孙家祠过去的环境风貌了如指掌。他很热心地为我画了一幅《孙家祠周边环境平面图》，通过他的记忆，真实描绘出孙家祠周边的原生态农村实景。他带着我在孙家祠周边，对原地貌、地名、道路、民房、绿植、祖坟、义地①做了详尽的解说，和图上所绘一一对号入座，让我对孙家祠原貌有了一个完整的概念。刘大森有些感慨地说："几十年的变化太大了，只有我们这一辈人还保存着记忆。我父亲以前（民国时期）也在树德一小读过书，老的去世了，这些故事就没有了。"这张图，我给原院山中学校长陈开福看了，他又做了一些补充。1958 年，陈开福就在孙家祠读小学一年级。1963 年，他从孙家祠小学毕业，还有一张他和黄根进、叶敏等四个同学与班主任林助老师的合影，比刘大森看到的还要"原生态"。他回忆："从赖家店到孙家祠有条田坎小路，路过邱家老屋。我每天上学都是走这条路。邱家老屋是何家湾最大的老房子，公社化那个时期，孙家祠周围没有多少人家，都是田坝和坟包。"

"孙家祠整个风貌的改变，始于 1998 年。"刘大森给我讲述了这件事情的来龙去脉。

1949 年以后，孙家祠堂树德一小就改成了孙家祠小学、保和小学。1995 年保和小学搬到了东升十一组，占了十一组的地，孙家祠堂产权就归了十一组集体管理。1996 年十一组引进了一家公司，这家公司投资九百多万元对孙家祠进行了改扩建，取名叫"园中缘山庄"，占地十一点五亩。改建时，拆除了朝向西边的祠堂大门，将门改在了北边。在祠堂旁边增加了几个套院，形成大园套小园、园中有园的奇妙格局。山庄内有"醉仙园中餐厅""怡乐园卡拉 OK 厅""怡香园茶坊"和"怡梦园住宿部"。附设停车场、会议室、钓鱼池、游戏厅，曾经红火过

---

① 义地，即公墓。旅川浙江人死后，无力运灵柩回乡的，可免费葬入义地。

一时。

2000 年后，"园中缘山庄"开始走下坡路，经营不下去了，这家公司每年都要向十一组交租金，为了减少损失，公司就把孙家祠部分房屋租出去了，还有些十一组居民住在里面。

2000 年某日，孙震一位世交的后人，姓张，带着孩子去孙家祠堂，想跟孩子摆摆长辈的故事，见识一下民国建筑的风格。当他带着家人走进孙家祠堂却大吃一惊：里面的房子全都住着当地人和外来户，花园里杂草丛生，柱子间拉着横七竖八的铁丝，晾满了衣服，像挂满了五颜六色的"万国旗"，成了乱七八糟的大杂院。

"这哪里是文物保护单位哦？"张先生很震惊，不知该说什么好了。忙将孩子带到最里面的院落，把祖堂和厢房的雕花木饰撑拱和半窗硬质木门扇等指给孩子看。看到这些民国历史建筑遗存，孩子勉强相信这里是文物保护单位。

因为父辈与孙震世交之故，张先生一直很关注孙家祠堂，每过几年就要到这里来看看。三年前他发现这里变成了一个农家乐，但那时整个祠堂还算整洁。没想到，现在居然变成了个大杂院。看到成华区文物保护单位变成这样，他感到痛心和不解。

《孙家祠复原图》中的祠堂建筑坐东向西，四四方方。从这幅手绘《孙家祠复原图》中可以看到当年孙震低调行事、追求自然的风格。

孙家祠为仿清歇山小青瓦砖木混合穿斗结构的四合院建筑，由正堂、厢房、廊庑等组成：

有大小房屋二十余间，内有古井两口，古香樟一株，占地九亩。

『北有南开，西有树德』

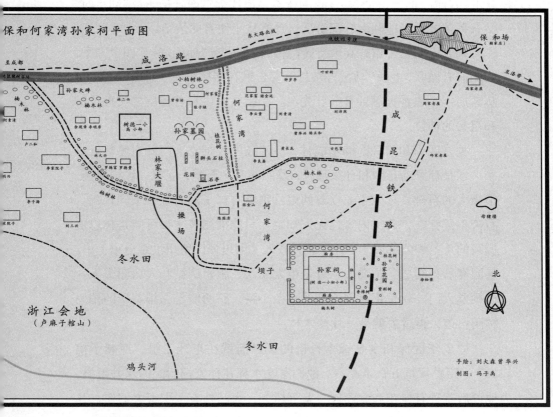

▲ 保和何家湾孙家祠平面图

祠堂为明清风格，是由青砖、石料、粉墙、小青瓦、楠木雕花门窗构建的四合院。据说，孙家祠建筑的蓝本是清代绵竹南轩祠。孙震幼年时，父亲孙芷卿常带他到南轩祠游玩，孙震从小便有此情结。

祠堂大门是公馆式高大青砖门楼，门楣嵌有"孙氏宗祠"四个大字。两侧嵌有楹联，上联"马鬣喜崇封万壑松楸春露秋霜增孝感"；下联"蚕丛新启宇一龛香火晨钟暮鼓壮先灵"。祖堂内供奉着孙震之父孙芷卿和祖父的神位。

祠堂四周和前院庭楠木成林，一片苍翠。祠堂大门外右侧靠近林家大堰是孙家前花园和孙家墓园，墓园建有一石亭，立有一块很厚实、很高大的石碑。墓园中还立有两根柱顶雕有狮子的石柱，不同凡响。石碑不复存在，碑文内容也无人知晓。只能推测碑文很可能是林思进撰写的《芷卿公墓表》，此《表》载入《阳川孙氏留川世系分谱》中。墓园葬着孙震之父芷卿公、母亲申太夫人、胞姐庆姑和大房谢夫人。出祠堂大门，就是正对着大碑的那条小路，路两侧是一排苍翠的柏树林荫甬道，再过去就是一片楠木林。

原成华区保和乡乡长李长松的家以前就在东升二组"卢麻子棺山"，距孙家祠五百米左右。他们家吃水都在孙家祠后院的水井里挑，他说后院种有桂花和痒痒树（紫荆树），大门外有一棵很大的树，几个人合抱。孩提时代，他们都喜欢在后花园耍，抠痒痒树感觉很好玩。说到当年改建孙家祠，投资商为啥要将大门拆了，李长松说，天黑了，他们听到有稀奇古怪的叫声，害怕，说闹鬼，就把祠堂门拆了，改个方向。拆门时，把写有对联的碑整断了，赶紧拿来斗起，立到后院。听说后来孙家祠就安静多了，不再闹鬼。

孙震为何选择在华阳县保和场的地盘上修建孙家祠呢？说来话长。民国时期，保和场属成都市华阳县第一区所辖，"华阳东山"历史上就是墓葬区。保和乡东升村自清朝以来就有很大一片土地被浙江来川族人圈下，是客居华阳浙江人的义地，又称"浙江会地"。

孙震祖籍浙江绍兴府杨家坳（今绍兴市柯桥区齐贤镇），"五世祖方川公习刑名之学，自浙就幕四川，落籍成都"[①]。浙江孙氏祖上自游幕来川，在成都、嘉定、叙府等地都有后代。在嘉定的分派族人在嘉定府建有祠堂，供奉和祭祀来川亡故的族人。孙震幼年时曾随父亲孙芷卿参拜过嘉定的孙氏祠堂。他父亲对孙震说："将来有能力时，要在成都建一个支祠，要把家谱也重修一修，使族人不忘祖宗。"父亲告谕的这两件事，幼小的孙震一直谨记在心。

民国十七年（1928），孙震已身任国民革命军第二十九军副军长兼第五师师长。这年春，孙震为父亲孙芷卿在保和场（赖家店）何家湾"浙江会地"旁边仿绵竹南轩祠修建了一座祭祀亡父孙芷卿的孙氏支祠，人称"孙家祠"。祠堂建成后，孙震实现了父亲的第一个心愿。孙震亲自撰文，记述自己的身世以及对父母的思念之情和养育之恩，写下了《芷卿公支祠纪》：

> 余幼孤露生，十岁而先君见背，弟兄分立，家道中落。赖余
> 母苦节，抚育始获成立。惟时先人所遗薄产无以资生，余母乃亲

---

① 孙静山：《先君孙震德操先生年谱》。

操井臼继以手工，粗粝自甘，督读不懈。余既入军籍，就学燕秦，母氏倚阁念苦，操持过勤，遂多疾病。及民二，余归里，侍养方冀，承欢有日，聊遂乌私，不意未及一载，余母又弃余而长逝矣。终身艰辛瘁，精神与教养及余稍能自立，而菽水之养不及，痛心之事无逾于此。

十余年来，于役军旅，驰驱四方，庐墓荒芜，松楸莫剪，每与跃马摆戈之时，辄忆及先君提携诰诫及余母平生苦节，风木之悲。曷能自己孺恋，追逐于无可如何之中，惟崇祀祭丰以稍安慰余心于万一耳。虽褊性硁硁自矢不为私产，以厚自封殖，但先人体魄所安，神灵所托，凡可稍展思慕之诚者，多用一钱则私心多得一分之安慰。

前因墓址局促一隅，逼近邻田，丙寅乃拓地培修，期于坚固永存。董君长安、黄君莆堂、杨君俊卿与余情逾骨肉而皆慈母在堂，板舆称庆能稍尽其菜子之心，视余之养不逮亲，常引为内疚者均以为恨。乃于余修墓之时，各分廉俸助余建父母祠于墓侧，使春露秋霜神灵妥侑，欲以此少杀余心之悲痛，鸠工迄今，始获落成，感良友锡类之深情，追念挚爱余之老父及停辛伫苦之老母。悲从中来，不可辄止矣。泚笔记其崖略亦使后世子孙永志不忘也。

男震谨记

成都的孙氏宗祠建成之后，孙震开始着手续修家谱的事，这是孙芷卿当年的第二个心愿。续修族谱是族人中的大事，也是事关子孙后代的大事。孙震请来族人中的饱学之士浙江绍兴阳川孙氏十八世孙孙兆云（字云木）、十九世孙孙培吉（字抱和）共同商议修谱的事。将入川孙氏宗谱定名为《阳川孙氏留川世系分谱》，由孙震负责全额出资印刷，孙兆云修纂，孙培吉参订。

2017 年底，我在孙培吉嫡孙孙恪庶家中采访，孙恪庶拿出珍藏的这部族谱，告诉我说："这部《阳川孙氏留川世系分谱》系民国十九年（1930）石印本，印数仅约三百册。爷爷孙培吉在他的《默室日记》中，清楚地记有每册工本费，是可办一桌燕窝大席的大洋一元。《阳川孙氏留川世系分谱》在族中明确分派为大、三、四、五，计四支分派。没有二分派，是因为 1930 年修谱时，绍兴阳嘉龙村二分派中无赴川之人，在留川世系分谱中便没有这个分派。迄今历近百年，石印本存世量极少。就我所知，目前，除我之外，仅四川省图书馆有藏。"

从"孙兵兵儿"到抗日名将

光绪三十二年（1906），孙震十五岁，正值少年风华。他个头不高，身体也不魁伟，唯有那两道浓黑的剑眉，给人一种英武威严的感觉。这一年，他做出了一个让族人愤慨的"妄举"，报考官办四川陆军小学，投笔从戎。四川陆军小学报考难度很大，以一比五十的录取难度筛选考生，孙震以优良成绩考入了四川陆军小学。这惊雷般的消息在孙氏族人中迅速传播开来，有人痛斥，有人指责，有人嘲讽，有人捶胸顿足。有亲属甚至横加干涉，打上门来质问孙母："'好男不当兵，好铁不打钉'，放着好好的书不读，让儿子去当兵，辱没孙氏先人！"

孙震报考四川陆军小学为何会在族人中引起如此巨大的反响呢？

带着这个问题，我特意请教孙培吉嫡孙孙恪庶先生给予解答，方悟出其中缘由。

清代，在浙江绍兴一带兴起学习刑名及钱谷幕学之风，由于处理刑名案件需要律例、刑侦、勘验等专业知识和技能，必须经过专门的培养和训练，故而刑名幕友在诸多基层地方政府的幕友中，地位最受尊重，待遇也最高；其次为钱谷幕友，相当于钱粮管家的角色。绍兴人趋之若鹜，以刑、钱幕友为职业者的在各省占有比例较大。所以，时人一般称刑、钱幕友为"绍兴师爷"，"绍兴师爷"几乎成了刑、钱幕友这个职业的代名词。能做"绍兴师爷"的多为世代书香，孙氏一家便是以世代传习刑幕、钱幕之学，并将之视为族中后辈有无出息的标尺。重文轻武成为入川孙氏的传统，孙氏更对当兵习武之人嗤之以鼻，不屑一顾。

孙震在报考北较场四川陆军小学之前，就读于成都县中①。促使他们报考陆军小学的主要原因是成都县中开始收学费杂费，而之前学校是免收学费的，这"无异于晴天霹雳"。由于家庭经济全靠孙母糊火柴盒，赚取微薄的收入维持生活，根本无力支付骤然增加的学费。另一重要原因则是，孙震当时家住北门火神庙，成都县中在青龙街，在上学、放学途中要经过北较场。孙德操在晚年所著《懋园随笔·墨池书院》写道：

> 常见有北较场陆小校第一期学生放假外出时，戴新式遮阳军帽，着黄斜纹哔叽军服军裤，腰间系黑皮带，佩步枪上所用短刺刀，脚上着绑腿黑皮鞋。无论武备学生陆小学生，均昂首挺胸阔步，富有"驾长车，踏破贺兰山阙"的气概。

四川陆军小学系官费公读，不收学费；加之神采奕奕的学生风范，对风华少年孙震影响很大。读陆军小学一可以减轻家庭负担，二可以从军报效国家。时值清末，列强入侵，国势衰弱。孙父在绵竹县衙做刑幕，县城里有两处闻名的历史文化古迹：城西诸葛双忠祠和城南南

---

① 全名"成都县立中学"，其前身为墨池书院，1905年合并芙蓉书院后创办成都高等小学堂。1906年，成都高等小学堂更名为成都县立中学。1952年11月，成都县立中学改名为成都七中，现为国家级示范高中，省级重点高中。

轩祠。这两处地方，孙父是一定要带上小小的孙震去游览，给他讲这些故事的。诸葛双忠祠是祭祀诸葛瞻父子的专祠，蜀汉炎兴元年，邓艾偷渡阴平小道，进逼成都，诸葛瞻、诸葛尚父子与邓艾大战于绵竹关，父子两人为蜀汉血染沙场，忠勇尽节；张浚、张栻（号南轩）父子均为绵竹人，张浚世称"紫岩先生"，为南宋抗金名将；张栻为南宋大儒、教育家，与朱熹、吕祖谦并称为"东南三贤"。孙震从小就受诸葛瞻父子、张浚父子故事的影响，从军卫国、办学育人的念头也许在那个时候就播下了种子。

当孙震穿上新军装，星期天高高兴兴回家看望母亲时，那些责难孙母的族人看不顺眼，给孙震取了个绰号，叫他"孙兵兵儿"。兵本来就很小了，再加上"兵儿"，就是小了又小的兵，更充满了鄙夷和不屑。于是，"孙兵兵儿"这个绰号在孙震同龄的小伙伴中就一下传播开了。

有一次，当小伙伴又带着讥讽的口气叫他"孙兵兵儿"时，孙震剑眉怒对，厉言正声地指着他们一个二个，说："本兵兵儿将来追随全国同胞抗英、抗法、抗俄、抗日，必征调尔等押粮送草，同赴战场！"这口气，这气质，一下将那些嘲笑他的小伙伴镇住了。大家你看我，我看你：这"孙兵兵儿"不可小觑啊。

孙震考入陆军小学，在送给同学谢松的一张小照片上面，曾题过这样两句话：

男儿当以一腔热血洒边疆，使碧眼紫髯者横尸于其侵略之土。

1937 年 7 月 7 日，侵华日军向卢沟桥中国守军发起进攻，"七七事变"爆发。

7 月 6 日这一天，国民政府军事委员会在重庆召开川康整军会议，孙震出席了会议。川军将领们正在为整军一事讨价还价，争论不休。7 日，军政部长何应钦忽接急电，在会议上宣布华北日军向卢沟桥二十九军宋哲元部发动进攻，"卢沟桥事变"爆发。会场一下安静了，孙震当即向军政部长何应钦请求率部出川抗日，并电呈南京军事委员会请缨杀敌。

9 月 1 日，整编后的二十二集团军先头部队从绵阳出发，北上西安，开赴山西抗日战场，孙震时任二十二集团军副总司令。

孙琪华在《哭德操八叔》中写道：七七卢沟桥事变，您最先请缨率部出川，临行时，您和我们告别说："奉诏忘家，闻鼓忘身，此一去，不平倭奴誓不还！"

2014 年一部电视连续剧《壮士出川》在四川卫视开播，真实再现了川军在抗日前线英勇杀敌，气壮山河、可歌可泣的历史大剧，成为收视率很高的热播剧。其中就有二十二集团军北上出川，在山西参加晋东南战役、山东滕县保卫战时与日军血拼的激战场景。

1938 年，二十二集团军调赴徐州后，划属第五战区，孙震升任二十二集团军总司令，自此，二十二集团军独立承担了川军抗日重任。滕县血战，二十二集团军四十一军孤军奋战，死守三天，为台儿庄大捷赢得了宝贵的时间，四十一军一二二师师长王铭章以身殉国。第五战区司令长官李宗仁将军高度评价说：

▲ 滕县保卫战，二十二集团军守城川军顽强反击入城日军。　来源：
建川博物馆

若无滕县之苦守，焉有台儿庄大捷？台儿庄之战果，实滕县
先烈所造成也！

著名新闻记者范长江在台儿庄战役战地报道中写道：

川军在民族神圣自卫战争的号召下，竟在山东这样远离四川
的前方取得捍卫中国的功，这是多么不平凡的事迹啊！为了这些
令人高兴的奇迹，我们特别肃敬地去看邓锡侯、孙震两位川军统
帅。由于事实的需要与习惯的观摩，四川军人那样威严，在民族
战争的战场上变得朴质了。诸葛亮六出祁山所到不过渭水上游，
姜维九伐中原始终未出陇南一隅之地。今川军竟横贯几千里外，

▲ 1945年孙震收复老河口升旗纪念　孙恪庶供图

勒马泰山边，西望巴蜀，东指扶桑三岛。四川军人之光荣，实亘古以来所未有。故上至将校，下至士，皆表现为一致愉快之心情。邓锡侯、孙震二先生一再道，官兵对于卫国战争，不论胜负如何，皆觉得死而无恨。

1938年5月中旬，徐州撤守后，二十二集团军奉命取道平汉线南段，开赴鄂北襄樊地区。此后孙震率领的二十二集团军在襄樊地区阻击日军长达七年之久。七年间，二十二集团军参加的重大战役有：

1938 年 9 月阻击日军南犯武胜关的信（阳）罗（山）战役。

1939 年 1 月长河战役，迫使日军退出大洪山区。

1939 年 4 月第一次随（县）枣（阳）会战。此次战役毙、伤日军一万三千余人。

1939 年 12 月冬季攻势。历时两个月，大小战斗一千三百四十次。

1940 年 4 月第二次随枣会战。敌我双方形成对峙局面。

1940 年 10 月安居、历山之战。

1941 年 1 月豫南会战。毙、伤日军九千余人。

1941 年 5 月第三次随枣会战。孙震升任第五战区副司令长官。

1942 年 5 月第四次随枣会战。

1942 年 12 月大洪山战役。

1943 年 5 月策应鄂西作战。

1944 年 1 月策应江南长（沙）衡（阳）作战。

1945 年 3 月—5 月豫西鄂北会战（又称汉水流域战役）。此次会战，日军遭受重创，二十二集团军连续收复襄樊、老河口等失地，聚歼来犯之敌，功不可没。

上述战役以 1940 年第二次随枣战役和 1945 年豫西鄂北会战（汉水流域战役）最为激烈。二十二集团军保卫了豫西鄂北广大国土，有效地打击和牵制了日军，直至抗战取得全面胜利。1945 年 9 月 20 日，漯河作为全国十六个受降区之一，任第五战区总司令刘峙为受降主官，孙震为受降副主官，接受日军第十二军团司令鹰森孝、第一一五师团长杉蒲英吉等三万一千五百六十名日军官兵的投降。

抗战期间，孙震一直在前线，践行了他"不平倭奴誓不还"的誓言。1942年，抗日战争处于最艰苦的阶段，正月初七这天是孙震五十岁生日。他的指挥部驻在枣阳，一早，孙震带上干粮和几个随从向大洪山方向驰去。走进一个叫"鬼门关"的山口，登上山顶，孙震用望远镜观察四周的山形地貌，视察我军的防务和敌方的布防。中午，他和几个随从就在山顶破庙用干粮充饥。他用这种特殊的方式在抗战前线度过了五十岁生日。晚年，他在回忆录中写道：

> 在八年抗战中，我方无时无地不在敌军飞机、大炮、战车之绝对优势下，苦撑死斗，以我军死守滕县的血战三日，及死守老河口之血战二十余日，均系尸骨遍地，流血成渠，仇恨之深，不可言喻。

1947年3月4日，蒋介石给孙震一封亲笔信，对孙震在抗日战争的功勋给予了高度评价：

> 抗战以来建勋最多、辛劳最甚，而至今犹未叙勋酬劳，每念及此，时为之歉惶。

1985年9月9日，孙震在台北逝世，享年九十五岁。临终前孙震对亲人说：

我半世戎马生涯中，参与了八年保家卫国的全民族抗日战争，尽了军人的天职，聊可自慰。唯现在蛰居海隅，远离父母之邦，虽不能得到落叶归根，但愿得到乡土掩骨。希望我死后，能在成都祖墓及住宅中，给我取一撮泥土撒在我的坟上，犹如魂归故里，死而无憾！ ①

孙琪华得知八叔孙震去世的噩耗，哀恸欲绝。她按八叔临终遗嘱，立即去孙家祠祖墓、西马棚街旧居、树德中学、浣花溪各取泥土一抔，用泪水合成团，辗转寄往台湾。遥望台海，泪眼婆娑："让故乡的泥土，撒在您的坟头，伴您长眠，权当竹报平安。"

---

① 孙恪敬：《一撮家园土 万里故乡情》，载《成都晚报》1986 年 8 月 27 日。

何家湾传来的琅琅书声

保和场（赖家店）下场口过成洛路往南有一条小径通往何家湾，这里的地形如一轮弯月，弯弓似的黄土高埂怀抱着一片略微平坦的小块黄土坝子，何姓人家最早在这里居家建房垦荒殖业，按照清代"插占落业"的规矩，何姓人先到，这湾就叫何家湾。这条乡间小径入口是一片柏树林，沿路是一片枝繁叶茂的桂花林，每到农历八月十五，桂影扶疏，幽幽的香味扑鼻而来。小径的尽头，是一片高大的楠木林，伟直的树身撑起一把把绿色的大伞，夏季清凉宜人，冬季绿叶满枝。栖在树上的鸟儿，每至晨昏，总是发出一片叽叽啾啾的清脆鸣叫。在寂静的何家湾，鸟儿是最快乐的，好像从来就没有什么忧虑。

与鸟儿一样快乐的是一群背着布袋书包上学的穷孩子，他们虽然衣衫褴褛，打着光脚，面有饥色，却像鸟儿一样欢乐地扑腾在乡间小道上。这些家住赖家店乡下的穷孩子，压根没有想到他们会有上学读书的一天。平日，他们不是背着背篼割猪草，就是在地里做农活，给家里放羊。女孩子呢，就在家里学做针线刺绣、缝补浆洗、搓麻纺线一类的事。读书识字，那是有钱人家的事，穷人家的孩子哪有钱读书？

"孙师长在孙家祠办起了学校，穷人家的娃娃上学读书不收学费……"这个消息不胫而走，迅速传遍了赖家店的大街小巷和乡下客家院落。客家人有句俗话："养子不读书，不如养大猪""不读诗书，有眼无珠"。客家人历来有"耕读传家"的传统，重视对孩子的文化教育。但是，供得起娃娃读书的家庭"望子成龙"不说了，供不起娃娃读书的穷家小户常常要为学费犯难"扯指拇"。在东山赖家店一带的乡村，因为穷，上不起学的娃娃很多，乃至不少青壮年都是"扁担倒下去，认字认棒槌"的文盲。

如今，这些娃娃们安安静静地坐在教室里，在老师的带领下，开始识字读书了。

"好光阴，好光阴！一寸光阴一寸金。光阴一去不复返，不要空过好光阴。"

"秋天早上好，墙脚边，树枝梢，虫声唧唧鸟儿闹。秋天早上好，白云飞，红叶飘，月光淡淡星光小，才能看得见。"

一双双忽闪忽闪的眼睛看着黑板，看着老师，在他们眼中一切都很新奇。除了放牛、放羊，他们惊异地看到了黑板上老师书写的汉字，竟能组合变化为悦耳动听的歌谣，朗朗上口，易记易背。童稚的声音抑扬顿挫，欢快的读书声在何家湾上空回荡。房檐上几只小鸟唧唧啾啾，东张张，西望望，又扑腾着翅膀飞向远方，它们像吉祥的喜鹊，是向孩子的家长报告喜讯，还是呼唤更多的伙伴来听听何家湾的读书声？

孙震为什么要在远离城区穷乡僻壤的保和场何家湾办学，而不选择在生源丰富、教育资源配置集中的城里办学？须知，与他同时代的川军大佬们都是在城里办学实现名利双收的，而孙震舍近求远单单选择在何家湾，这又是为何呢？

人各有志，何求同归？赖家店人都知道，何家湾有块浙江会地，也叫"义地"，是入川浙江人的公墓。旁边有个姓卢的搭了个棚棚负责守墓，因脸上长有雀斑，村里的人就叫他"卢麻子"，浙江会地也叫作"卢麻子棺山"。光绪二十九年（1903），孙震父亲孙芷卿病逝；光绪三十一年（1905）孙震的胞姐庆姑病逝，都葬在何家湾，离浙江会地不远的一块墓地。孙震成年后，清明节随母亲到何家湾墓地祭祀已故的父亲和胞姐庆姑。母亲看到赖家店这一带穷人家的孩子没钱读书上学，从小放羊、放牛、割猪草、做农活，触动了她的心事，想起孙震小时候，她的家境也是这样。家住在北门火神庙，全靠她每天熬更守夜糊火柴盒补贴家庭生活开支。因为贫困，无力供孙震上学读书，她常常为此感到遗憾。原本免收学费的成都县中不能上了，孙震不得不报考免收学费的官办四川陆军小学，为母解忧。

　　孙震陆军小学毕业，先后就读于陕西陆军中学和保定陆军军官学校，学识大长。母亲看到敬孝父母、懂事明理的孙震已长大成人，内心十分高兴。所以在何家湾上坟时，常常对孙震说："将来你有出息时，多为像我这样贫穷的母亲想想，帮助她们的儿子能上学读书。"民国三年（1914）孙震母亲病逝，临终前对孙震说：

　　　　望汝力求上进，勿负余十余年苦节抚汝之心，余虽不及见汝腾达，但能勉为端士，努力事功，余亦含笑九泉矣。[1]

从此，孙震牢牢记住了母亲的遗愿。

20世纪初，护国战争结束后，四川军阀开始割据，彼此内战不休。

---

[1]　孙震《申太君行述》

川军各派以势力大小划分地盘，各自为政，形成长达近二十年的防区制。四川实行防区制后，驻军首脑即为地方军政大权在握的最高长官，可以自行委派地方官员和征税官吏，并且统管防区内行政、财政、税收。民国十二年（1923），田颂尧的川西北屯殖军分别驻防在川北三台、绵阳和川西成都，总司令田颂尧驻防成都，时任川军二十一师师长、川西北屯殖军副总司令的孙震驻防绵阳，此时的孙震不仅手握兵权，还负责掌管川北地方行政、财政、税收等大权。

防区制时代，由于受五四新文化运动的影响，也由于成都地区历史文化的深厚和现代文化的广泛传播，成都、华阳新式教育开始兴起和兴盛，领先于西部各省，其势头丝毫不逊色沿海重要城市，这与各路军阀重视新式教育有关，也与积极参与和推动新式教育的社会各界有识之士有关，军阀开始积极兴办私立小学和推行义务教育。成都的学校大体有这么几类：第一类是基督教堂创办的教会学校；第二类是中国的宗教组织创办的慈善会小学；第三类是军阀官僚创办的学校；第四类是行业公会财团创办的小学；第五类是同乡会馆创办的小学；第六类是家庙祠堂创办的小学；第七类是私人创办的小学。民国五年（1916）5月，自从改良私塾，推行义务教育后，私塾渐渐减少，新式初级小学发展很快，成都和华阳两县（城区部分）完小和初小总数就达到七十四所，但郊区乡镇农村却很缓慢，仍然是"被教育遗忘的角落"。

民国初期，新式教育的发展极大地催生了孙震立志办教育的理想。当年，他弃学成都县中时曾发下誓愿：自己将来有了成就，必当设置义学，以嘉惠清寒学生，并要认真办学，多为国家社会培育人才。十四年前母亲的遗愿，他还铭记在心中。民国十七年（1928），孙震

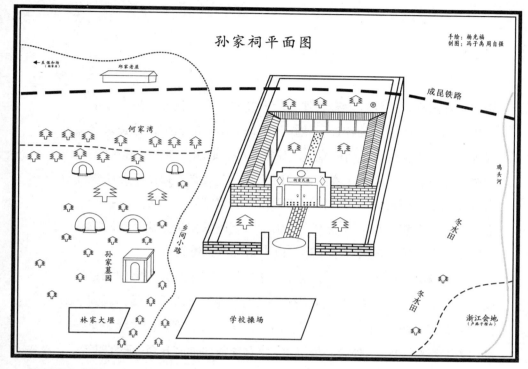

▲ 孙家祠平面图

▲ 1937年树德一小高三学生毕业留念
李拳辉供图

▲ 私立树德一小毕业证书
李拳辉供图

修建了孙家祠堂，他觉得有条件有能力办教育了，就开始捐资办学。他兴办的第一个小学的校址，就在孙家祠。学校的名字，孙震采自父亲孙芷卿当年在绵竹县衙的堂名"树德堂"，取名"树德义务小学"。"树德"，源自《尚书·泰誓》"树德务滋"之义。树德义务小学开宗明义就是"树德树人"，面向华阳县东山赖家店一带穷人的孩子，实行不收学杂费，免费送课本，发给学生制服的招生办法，鼓励穷孩子上学读书。每年冬天，学生还可以申请棉被、棉衣。

　　尽管这样，树德义务小学创办之初仍然只有很少几个穷困家庭的孩子来读书。为什么穷孩子们不踊跃来上学呢？孙震很纳闷，就到学校附近农户家里访问，才了解到农民家的孩子从小都要忙农活做家务事，没有空来念书啊。孙震心情沉重，便召集师部幕僚开会，研究对策。最后议定，凡是送小孩子来读书的家庭都给予补贴，每月两个银圆。

　　我们看看，民国初期二三十年代，一个银圆价值多少呢？"如果以 1937 年夏天成都市区的物价为例，一块大洋（银圆）能买 16 斤大米，或者 17 斤面粉，或者 5 斤猪肉，或者 40 个鸡蛋，或者 45 斤大葱，或者 47 斤包菜，或者 5 斤白糖。"[①] 给贫困孩子家庭生活发补贴，鼓励孩子们上学读书，这可是破天荒的大善举，那会给渴望上学的贫困家庭孩子带来多大的希望啊！赖家店贫困人家便纷纷将自己的孩子送到孙家祠来读书。

　　李长松经常听他父亲摆当年在孙家祠树德一小读书的往事："我

---

① 魏树东：《成都地价与房租之研究》下编表 1《成都市民国二十七年六月及七月出售物价表》，收录于《民国二十年代中国大陆土地问题资料》第 77 册，台湾成文出版社 1977 年影印版。

们家的房子就在孙家祠斜对面，父亲就是免费进的学校，孙德操（孙震）给学生发白大褂。到了春节，孙德操就在操场上摆流水席，这一摆就是一个星期，凡是树德一小的学生都可以免费吃一周。"刘大森也听他父亲讲过："每年春节，孙师长就要给何家湾里的贫困户送三斤米、一斤肉，让大家过好年，有的还送点过年钱。"

保和街办团结社区居民李拳辉向我展示了一份他父亲树德一小的毕业证书。毕业证书盖有华阳县政府大印。

毕业证书

学生李光荣系四川省华阳县人，现年十五岁，在本校高级三班修业期满，成绩及格准予毕业。

校长曾启承（私章）

中华民国二十七年三月（私立树德第一小学校印）

这张毕业证是他父亲李光荣一直放在小匣子里珍藏的"宝贝"，另外还有一张泛黄的照片，照片上有九男三女，男生都穿着制服，有穿着两个兜的，也有穿着四个兜的。两个女生上身穿白色立领衣衫，下穿黑色短裙，一看就是民国范儿。照片背后写着"树德小学高三班毕业典礼留念。民国二十六年"。这两样宝贝从1937年珍藏到2017年，距今已经八十年了，真的不容易。李光荣2014年去世，这两样宝贝就一直放在李拳辉母亲的房间。1949年以后，李光荣先在金牛区供销社当会计，又在金牛区商业局当会计、财务股长，直到退休。关于民国时期树德一小的事，李拳辉从来没有听父亲讲过，直到父亲九十二岁去世，才看到这张毕业证和照片，照片中的人几乎都已去世了。他父亲在树德一小读书的事，也就风化为尘埃了。而李拳辉就没有他父亲那么幸运，1964年，他在孙家祠小学上学，读了两年，1966年秋天学校停课闹革命，他就再没有读书上学了，一辈子在家务农，至今没有一张小学毕业证。

20世纪90年代，在何家湾发生了一件十分有趣的事。因为城市建设要占用孙家墓园，孙震的侄女孙琪华带人开车去处理迁墓有关事宜，司机倒车不小心将车子开到了一个农家粪池里。农家老婆婆拦住孙琪华一行，要求赔偿压坏的粪池，双方就赔偿金额争执不下。孙琪华说，她是孙德操的后人，专程来办理孙家墓园迁坟事宜。殊不知，双方争执局面发生了戏剧性的变化，老婆婆马上问："你说的是不是那个孙家祠的孙师长？"当她知道一切真相后，连忙说："不好意思，你是孙师长的后人，不要你们赔了。我马上去叫人来帮你们把车子抬出来，不收一分钱。"老太婆还热情地请孙琪华一行到她家屋里喝茶，十分激动地说："孙师长是我的恩人呐，当年他办了树德小学，全部免费，我才有机会念书的啊！"

孙震为了办好树德义务小学，聘请一位热心教育的王述君先生担任校长。学校开办以后，由于校方重视教育质量，管理比较严格，教师们也认真负责，所以大部分学生成绩优良。因此，学校受到当时华阳县政府表扬。树德义务小学也为学生提供工作机会，有的毕业学生就直接在孙震的部队参军做事。

早在树德义务小学创办之前，1928年，孙震就牵头成立了树德义务教育董事会，公推孙震为董事长。董事会由四川省地方军政要员和知名人士以及学校领导组成。主要负责学校办学经费的筹措、支付以及聘任校长等，成为学校的重要机构。

第一届树德义务教育董事会由十五人组成：

名誉董事长：田颂尧

名誉董事长：董长安

名誉董事长：王铭章

名誉董事长：曾南夫

名誉董事：马瑶生

名誉董事：廖仲和

董事长：孙德操（孙震）

校董：杨俊清

校董：孙子敏

校董：任沧鹏

校董：吴耕鲁

校董：孙克明

校董：刘玠清

校董：刘琼华

校董：吴照华

孙家祠树德义务小学的创办取得成功后，在社会上产生了影响，慕名而来孙家祠读书的学生有从新津、广汉那边来的。孙震向原成都县中的同班同学、树德义务教育董事会校董吴照华咨询下一步的走向，吴照华主张应该继续再办几所小学，帮助更多的贫家孩子接受教育，孙震非常赞同。当年，孙震在成都县中读书时，就与吴照华、任沧鹏成为知己，互相砥砺学行，立志要为社会多做好事、善事。

吴照华的想法与孙震一拍即合，两人信心满满，共同策划布局，议定了下一步办学的地点和聘任校长人选等重大事项。同时为了适应当时华阳县政府新式教育体制的要求，也为了树德教育的进一步发展，经校董事会决定将孙家祠"树德义务小学"更名为"私立树德第一小学"。林思进编纂的民国二十三年（1934）《华阳县志》卷三建置二中有孙家祠与多宝寺两校的记载：

> 孙氏私立树德第一小学　泰安团孙家祠　民国十八年　由祠款开支　初级一
> 孙氏私立树德第二小学　心一团多宝寺庙内　民国十九年　由祠款开支　初级一

思路决定出路，中国著名的树德教育，就在保和场何家湾孙家祠堂奠基，从此成为树德教育的发源地。1930年，树德义务教育董事会随即在保和场多宝寺办起私立树德第二小学，聘请黄伯华为校长；在宁夏街办起私立树德第三小学，聘请刘琼华为校长；在北门簸箕街办起了私立树德第四小学，聘请曾孟柏为校长。这四所学校^①一切经费，都由孙震负担。

前几年，孙震的侄女、九十多岁高龄的孙琪华老人经过回忆，将树德一小历任校长名单拟了出来，为研究树德教育史提供了一份很重要的资料。

私立树德一小历任校长：

1. 徐辉成

2. 白天章

3. 黄述先

4. 曾茂柏

5. 王纪平

6. 胡泽厚

7. 范重然

8. 杨惠仙（女）

9. 冯大安

10. 张□□

另有两位孙琪华未写入：曾启承、王述君。

---

① 1949 年以后，政府废除私立学校。树德一小先后改为孙家祠小学、保和小学、东升小学；树德二小先后改为多宝寺小学、保和乡联合小学；树德三小改为宁夏街小学；树德四小先后改为簸箕街小学、解放北路第二小学。

　　1932 年，当树德一小第一批学生即将毕业之时，为了能给贫寒子弟提供升学的机会，孙震又创办了树德初级中学，分男、女生部。男生部设在宁夏街树德里，女生部在宁夏街树德巷，仍然不收学费和伙食费，而且还把期末的伙食结余发给学生。1937 年秋，树德初中第三班毕业时，孙震又创办树德高中。至此，树德中学就成为初、高中齐备的完全中学了，树德教育正式形成从小学到高中的完整体系。

　　1937 年抗日战争爆发，孙震担任国民革命军第二十二集团军副总司令，率川军出川抗战。

　　出川前夕，他慨然将若干年来所积蓄的资财，包括上级赠予的慰劳金和僚属凑集送他的医疗费等，都毫不保留地拿出来作教育经费，由专人负责管理。计先后捐出的银圆有四十万元，存入中国银行的十九万元，聚兴诚银行的二十一万元，还有市区百余间房屋的房租收入，都作为学校常用经费。孙震将房契账目等全部交由董事会保存，并亲自批注：

　　　　这些学校基金，孙氏子孙永远无权过问。孙氏儿子孙辈不得动用学校基金分文，只能当一名常务董事。

　　树德教育的创办人孙震在自己家人和学校之间划了一道鸿沟，筑了一道"防火墙"，强调"我的家人只能为它出力，不能从中牟利！"

　　抗战期间，法币贬值，原存入银行的办学基金几乎化为乌有，孙震又将田产五十亩拨付学校，并开始征收部分学费，但考虑到家境清贫的学子，又实行了奖学金和助学金制度，不仅对在校的中学生予以奖学金，对于已毕业上大学的贫寒家庭子弟也给予奖学金，一直供给到大学毕业。树德中学办学成绩优异，教学质量很高，毕业生考入大学的，每年都在百分之九十以上，当时与天津南开中学、长沙周南中学等校并称为全国办得最好的六所私立中学之一，很快就成为全国中学名校。被民国最具影响力的著名报纸《大公报》称为"北有南开，西有树德"，其美誉迅速传播全国。如今的树德中学是四川省首批省级重点中学、首批国家级示范性高中，仍保持着树德的光荣。

四川大学中文系 1948 年毕业生、老学者何韫若先生在所著《锦城旧事竹枝词》中赞树德小学：

> 树人以德重根基，甘霖普降北东西。
> 功过平生说众口，无言桃李自成蹊。

赞树德中学：

> 太上勒名德务滋，立身树人贵修持。
> 叶茂根深多硕果，名播西州秀一枝。

重教立德的校长吴照华

如果说，树德教育是孙震播下的一粒优良种子，其志"峨峨兮若泰山"，那么辛勤浇灌使之成为参天大树的则是吴照华，其行"洋洋兮若江河"。孙震与吴照华可谓伯牙与钟子期，高山流水遇知音。孙、吴强强联手合作共创树德中学，创造了民国时期巴蜀教育的奇迹。

吴炜（1892—1978），字照华。祖籍浙江山阴县，生于四川成都。吴照华考入成都县立中学（现成都七中）第一班，与孙震是同窗学友，两人关系甚笃。少年风华，彼此视为知音，常述各自胸怀抱负。孙震因学校增缴学费愤而离校报考陆军小学，从此戎马一生。吴照华毕业后以优异成绩考入四川省高等学堂（现四川大学）理科。毕业后，从事教育工作四十年，历任成都县立中学、华阳县立中学、石室中学等校的英文教师。1922年起，在成都联中（现石室中学）担任多年的教务主任。1928年任成都县立中学校长，在成都县中历任校长中以周子高、吴照华办学成绩尤其显著，众口皆碑。吴照华被称为"锦城硕彦"（指才智杰出的学者），是当时成都四大名校校长之一。

1932年8月，吴照华受孙震之聘，在成都宁夏街创办私立树德中学，对吴照华来说那真是完完全全的白纸一张，一切从零开始啊。孙震为他搭建了这座平台，作为教育家的吴照华深知这才是自己大展身手的用武之地。他义无反顾挑起了办学大任，既有报答孙震"高山流水"的知遇之恩，亦有感恩孙震危难时的慷慨相助之情。

民国十九年（1930）9 月 10 日夜，成都县中图书馆遭遇一场大火，将整个图书馆收藏的古版书籍、外文书籍以及实验室理化仪器、设备全部付之一炬，损失极其惨重。对时任成都县中第七任校长的吴照华来说，无疑是晴空霹雳。孙震获悉母校受灾的消息，当即向校长吴照华捐银五千元，并与二十九军驻蓉部队机关商定捐银一万元，帮助学校灾后重建。图书馆建成后，孙震亲自题写"墨池图书馆"，并刻在图书馆大门上，让吴照华非常感动。

要将名不见经传的树德中学创办为名校，与成都县中、华阳县中、成属联中齐名的学校，吴照华积数十年教学实践和担任成都县中七年校长之经验，他认为，办好学校的关键是选聘一流的教师。吴照华求贤若渴，为聘请到名师高才，总是亲自出马，礼贤下士，登门拜访，他以"程门立雪""三顾茅庐"的诚挚与执着，感动了无数人。这批名师高才成为树德中学的中坚和灵魂，树德中学从创办开始，就不同凡响，将起点定在创办名校这个目标上，与其他私立中学拉开了很大的距离。

吴照华诚聘周子高的事迹在成都教育界被传为美谈。周子高是成都县中第六任校长（1925—1928），是成都闻名的专长教三角的数学教师，也是吴照华的前任校长。吴照华对周子高十分了解，也十分敬重，曾多次上门礼请，但均遭周子高拒之门外。

原来周子高对吴照华有很深的误会，以致势不两立，视同陌路。起因是：1928 年，周子高在成都县中任校长时，被四川省教育厅调任另用，同时任命吴照华任成都县中第七任校长，接任他的校长职务。这让周子高很恼怒，心里极不平衡，认为这是吴照华对他的排挤和蔑视。因此，当吴照华亲自登门送去树德中学的聘书时，周子高丝毫不给面子，当面将聘书怒掷于地。吴照华不仅恭恭敬敬地拾起，而且再三礼请，但是仍然遭到周子高的严词拒绝，可见两人之间的裂痕是很深的。吴照华毫不气馁，依然数次登门恭请，周子高依然拒不接见。吴照华接连吃"闭门羹"，仍不灰心丧气；屡遭白眼，仍不改初衷。他知道"千军易得，一将难求"。于是，吴照华邀请周子高的好友、成都县中语文教师黄绍阶一同前去，疏通两人之间的嫌隙。黄绍阶先去周家，与周子高进行了长时间的恳谈，估计有几分希望了，然后向周子高告辞，说门外还有人等他。当周子高送黄绍阶出门时，才发现已在门外等候许久的吴照华。吴照华趁机上前，以礼相见，婉言解释。周子高为吴照华的一片诚挚深深感动，于是冰释前嫌，重修旧好，终于接受了聘书，愉快地到树德中学任教。

吴照华聘任教师的原则是：择师必良、良必优遇；取士必端，端必爱护；不者亦务沙汰，无所徇情。为了使全校教师安心教学，无后顾之忧，吴照华大胆改革聘请教师的制度。民国时期，成都、华阳所有学校聘任教师的时间都是以一学期为限，而吴照华聘教至少是一个学年，有的是两年、三年甚至是长期的聘约，让树德中学的教师免去了"六腊战争"之苦。树德中学教师的待遇甚至超过了一些有名的大学，让许多人羡慕不已。教师的收入有了切实保障，生活上吴照华更是处处给予关心爱护教师。这是他担任成都县中校长多年养成的习惯，遇到教师患病，他总是十分关切地前往探望、慰问，一面请医用药，一面通知事务处购买礼品慰问教师。遇到教师有什么困难，他总是尽力解决。著名教师罗孔昭、周守谦、郑实夫等人，多次接到四川大学和华西协合大学的聘书，但他们始终以树德中学为家，一直执守在中学教育一线。

作为树德中学董事长的孙震选定吴照华为校长，显然是他实现自己毕生"树德树人"教育理想最可靠、最值得信赖的人。知人善任，用人不疑，孙震全力支持他的工作，在行政、财务、人事、教务、基建项目等重要权属方面，孙震从不干预，自己不插手，也不让家人插手。权力一放到底，让吴照华全力以赴地工作。胸怀之宏阔、气量之博大、目光之深远，在川军将领中实属罕见。孙、吴互信，同心协力，各尽其能，各尽其责，这就是树德中学"从零开始"创造教育奇迹的秘密所在。

1936年，孙震特拨专款一千五百元，请吴照华率团到全国知名中学参观访问。吴照华参观了北师大附中、天津南开中学，学习和研究他们的办学经验，"走出去"让吴照华收获不小。孙震后来又捐款七千元，由吴照华组织教务主任万千里，带领树德一至四小的四位校长、树德中学女生部主任、训育主任、体育教师以及十二名学生代表组成考察团，行程万余里，参观访问了国立清华大学、燕京大学、北师大、同济大学、国立中央大学、私立南开大学、私立南开中学等大中学校，尤其在天津南开大学受到校长张伯苓的热烈欢迎。"走出去"让树德师生开阔了眼界。

"师道既尊，学风自善"（康有为《政论集·在浙之演说》）。

树德教育至今让人啧啧称赞的依然是"吴照华时代"，学校严明的校风校纪让树德老校友终生难忘。吴照华在任期间，始终坚持"录生唯才，不徇私情，校规面前，人人平等"的治校原则。他知道校规千条万条，校长躬身力行是第一条。在树德中学，吴照华的"严""狠"在成都、华阳教育界是闻名的。当今有人戏说，"树德中学的发展史，简直就一部是'名人之子''官二代'的开除（劝退）史"。现在看来，仿佛"天方夜谭"，可那时，孙震、吴照华就是这样践行"斗硬"的。

吴照华有八个子女，经严格考试，只有两个子女考进树德中学，其他六人分别在建国中学、成公中学读书。他从不利用手中的权力，让这六个子女进树德中学读书。

最有影响的是开除学生田明学事件，这是树德中学史上最令人拍案叫绝的事。为啥？吴照华敢在"太岁头上动土"！

田学明的老爸是著名四川军阀田颂尧，田颂尧是四川防区制时代赫赫有名的"四巨头"之一，川西北屯殖军总司令、国民革命军第二十九军军长，曾是孙震的顶头上司。1928年，孙震在赖家店何家湾创办树德义务小学，成立树德义务教育董事会，特聘田颂尧为名誉董事长。创办树德中学，田颂尧又是树德中学名誉董事长，每年要给学校捐赠五十石大米。按说，田颂尧对孙震有提携之恩，对树德教育有资助之情。田明学不好好学习，违反校规，学校毫不留情要开除他，于情于理似乎都有点"那个"，总得照顾一点儿面子吧。然而，树德中学完全无视"潜规则"，依然按校规行事，将田学明开除出校。之前，作为树德中学校董事长孙震曾率先垂范，不徇私情。他的外孙马家云、马家祥因为三门以上的功课不及格，按学校规定，双双被学校劝退。孙震的儿子孙静山中央大学毕业、侄女孙琪华四川大学毕业，孙震都没有推荐和安排在树德中学，而是在浙蓉中学和资阳简易师范任教。自己办的学校，却没有自己的亲属和子女靠关系进入，让许多人敬佩之至。

由于孙震和吴照华榜样在前，维护了学校严明的纪律，后来者都知难而退。树德中学董事会董事、二十二集团军总司令部经理处处长任沧鹏，是孙震的同窗好友，孙震母亲申太夫人去世时，"当时以贫困故交往多绝亦，未讣闻且无以饰终，尚赖良友助资以殓一棺，萧然"。（孙震《申太君行述》）孙震母亲病逝时，孙震竟拿不出钱来买一副棺材安葬。全靠任沧鹏捐助了一副棺材，帮助孙震安葬了母亲，这交情应该是很"铁"的吧。任沧鹏至亲彭少纯在成公中学就读，有人劝任沧鹏给吴照华"打个招呼"，把彭少纯转到树德中学，但深知吴照华为人处事原则，任沧鹏放弃了"走后门"这一念头。任沧鹏是吴照华成都县中的同班同学，受孙震委托负责树德中学专款经费的管理和拨付，并且纯粹是尽义务"帮干忙"。在办学理念上，孙、吴、任都是一致的，所以他能理解吴照华，并给予无私的支持，有君子风范。

1942年，二十二集团军总司令部参谋长兼树德中学董事胡临聪的两个儿子胡小剑、胡幼钧报考树德中学，经考试，胡幼钧成绩合格，被录取。胡小剑没有被录取，作为旁听生，待学期考试及格，再正式录取。第二年，胡幼钧与同学开玩笑，因对方口出秽语伤人，胡幼钧将对方头部碰伤，遂被开除。胡临聪在襄樊前线闻讯，致电吴照华请求给予宽处，免予开除，亦未获准。后来，胡小剑、胡幼钧两弟兄吸取教训，潜心学习，赴美深造，成为学有专长的高级工程师。1979年，兄弟俩回川探亲，特到成都九中（树德中学）参观，怀念母校。

曾任中央军校教育处长、第八十九军中将军长刘伯龙的儿子更惨，因为违反校规被开除，学校还张榜公布，全校皆知。

据初十一班、高二十二班的校友熊习礼回忆，1946 年秋天他考入树德中学，光是他的同班同学，被开除、劝退的为数还真是不少。时任成都市市长陈离的公子，因成绩不合格被劝退。孙震所在的二十二集团军四十七军参谋长李某之子也被劝退。当时成都市最大的报社《新新新闻》社长兼总编辑陈斯孝之子陈道钧因功课跟不上被劝退。还有李宗仁北平行营汉中留守处主任农子政之子农兴邦也因功课跟不上而被劝退。

树德中学对违反校规，成绩不合格的"官二代"敢于开除和劝退，以正校风、以明校纪。

孙震治军严明，吴照华治校严明，两人心心相印，互相砥砺。树德中学教师和学生更加敬重两位不怕得罪人，也要办好树德中学的教育家。他们看到了希望，更加勤奋工作，更加努力学习。1940 年全国高校统一招生，树德中学第一个毕业班百分之九十以上的学生考上了大学。

吴照华对学生要求严格，同时又十分关心和爱护学生。雅安籍学生潘超凡不知什么原因，嘴上"三角区"要害部位生了个毒疮，脸部也肿了，病情十分危急，吴照华立即请来名医董秉奇诊治，但因医治无效而病死学校，树德中学在校内为这个学生办理了后事。后来，又有一个学生患了与潘超凡同样的病症，吴照华生怕在学校里照顾不周，特地把这个学生接到自己家里，安排家人精心照料，并求名医来家医治，终于使这个学生病愈，恢复了健康，回校之后更加奋发地刻苦学习。

1949 年上半年，成都市各中学教师开展反饥饿、争温饱的斗争，各校学生纷纷响应支持，树德中学学生也罢课三天并上街游行。国民党军警立即开枪，同时扣留了树德中学为首的三个学生敬洪春、袁官沁和林永康。吴照华闻讯之后，立即赶往成都市警察局严词抗争。交涉的结果，是将学生安全地接回学校。

1939 年，树德学校建校十周年纪念日。"十年生聚"，树德已初步构建从初小到高中的完整教育体系、一个教育集团的雏形，这在民国时期是一个教育创新。树德教育在抗日战争的烽火中声名鹊起，在树德建校十周年之际，得到了国民政府的首肯，军政要人纷纷题词祝贺。蒋中正题词："作育英才"，林森题词："养正储才，继续努力"，此外还有孔祥熙、张群、陈立夫、居正、邓锡侯、潘文华、黄季陆、黄炎培等人的题词。

在树德学校建校十周年之际，孙震特地发表《树德学校建校十周年自述》，以表心迹：

> 震少孤，家贫，先母申太夫人，勤苦操作，以所得微资，供震膏火，课读甚严，惜童时荒嬉，不知奋勉，于学问之道，未窥门径。初肆业成都县中学，以饘粥不继，而又有感当时强兵富国之论，乃转考入官费之陆军小学，旋升中学，及军官学校。但以学问修养，均乏基础，故虽治军三十余年，毫无建树，靖献国家。
>
> 每忆吾母期望之殷，深憾贫寒未竟所学，爰斥历年俸公，及长官所予者，约集热心教育之各同志，共同创办树德学校。小学初中高中，次第成立，征费较轻，管理较严，聘师极慎，取士必端，所有优待及奖学诸办法，均详定章则，凡可为勤苦学子谋者，靡不殚竭心力以赴。诚以处此时艰，寒峻读书，绝非易事，而建

▲ 孙震为树德学校十周年纪念刊题字

国之际，国家社会，需才又极急迫，不能因其无力深造，致使楩楠杞梓，委于岩壑以老，是以珍重护惜，加之规矩准绳，俾皆呈材奏能，蔚为国用，树木树人之喻，亦即震之素志也。

岁月易逝，开校迄今，匆匆十年矣。英髦俊彦，分途进展，菁菁者莪，载欣载颂。因思胡广累世农夫，致位卿相；黄宪牛医之子，名动京师。余如吕文穆范文正，类多起自寒素，而皆能利国福民，勋业灿然，所望莘莘学子，不以现处困乏，而易远大之志，潜修迈进，达才成德，庶贤俊辈出，略有助于建设大计，自可卜校誉日隆，由十年乃至百年，永维斯校于不敝，匪特足补震少年时无力求学之憾，而同事诸君之苦心共济，相与乐观厥成，式符树德务滋之意，庶几为德不孤也夫。

　　　　　　　　　　　　　　　　成都孙震弁首

"及时雨"慷慨解难忧

2017年那个火辣辣的夏季，我在十陵双林村采访。八十八岁的陈治明大爷与老茶友在树荫下喝茶。我与他聊起孙震和树德学校的事，陈大爷竖起大拇指，声若洪钟："树德小学我咋不晓得喃，孙师长（孙震）是好人！那阵在孙家祠读书都免费。我小的时候，槐树店到孙家大碑的路，是个很陡的坡坡。孙师长看到前面推鸡公车的很恼火，爬不上那个坡，他就从马上下来，喊他的卫兵帮着推，一直要推送上坡顶。大碑进去是一片楠木林，漂亮得很，隔孙家祠有一公里路。"没想到孙震在民间有如此好的口碑，七八十年后居然还有老百姓念及他的好处。

那时没有"作秀"这个说法，民国初期，虽然经历清末时代之大变局，但中国传统文化"勇于为善，勤于助人"的风尚依然。我在查阅《阳川孙氏留川世系分谱》时，在《芷卿公行述》中记录了孙震六岁时随父孙芷卿到乐山嘉定府知府做刑幕的事。孙芷卿在任上发现有个姓倪的平民百姓被富豪诬陷，在牢中已蹲了很多年。孙芷卿仔细查阅案卷，认定是件冤案，便将案子翻了过来，为倪姓百姓平反。倪姓人家感恩涕零，准备了丰盛的礼物要答谢他，孙芷卿命令府衙门人坚决拒收礼品。倪姓人家见不收礼，便要求当面拜谢。孙芷卿生气地说："我哪里图的是感谢呢？我为的是良心，也是我刑幕办案的职责！"在叙州府衙时，孙芷卿看见有人向主办案子的官员行贿，欲将一位读书人诬告下牢。孙芷卿为其鸣不平，据理力争而没有结果，便愤而打起铺盖卷辞行。那位审案的官员发现不对，幡然醒悟，向他跪拜认错，案情才得以纠正。不啻如此，孙芷卿生性慷慨，勇于为义，乐于助人，"亲族中之孀居伯、叔母均迎养于家，兄弟之失养者均延师教读习一艺，亲友中贫乏无依者必分廉俸资助，赖先君以举火者众。故就大郡馆幕四十余年未尝间断，而身后所余无几"（孙震《芷卿公行述》）。

孙父的言传身教、仗义疏财，对孙震一生为人行事影响很大。小说《水浒》里梁山之百好汉中有个宋江宋公明，江湖人称"及时雨"，此君与孙震相比，则是丘阜与高山之比。孙震慷慨解囊排人难忧，行的是大仁大义大德，是宋江之流不能望其项背的。为做好事、善事，孙震在"钱"上从不给自己留后路。

去年，我登门拜访孙少芝之子孙恪强，孙少芝是树德中学校董，1935—1940年为成都县中第八任校长。孙恪强告诉我，他们叫孙震为"八太公"，在孙氏族人中，孙震抗日、办树德学校名气最大，但在族人面前为人和蔼，从不摆架子以势压人。他特别喜欢好学上进的青少年，如果家庭贫困，不管是否是族人都要给予关心和帮助。

孙震侄女孙甦在回忆文章《闪耀的膏火》中印证了这种说法。

1938年秋，开学前一天，孙甦在叔父家吃完早饭，孙震叫她去陪一个客人。这个客人是一位穿着朴素、年龄和孙甦相仿的女学生。孙甦在与这位王姓女学生交谈中了解到，她考上了大学，因为无钱缴纳学费等入学费用，特来向孙震求援。孙甦送走了客人，向叔父汇报了与王姓女生交谈的情况。第二天，叔父拿出两百块大洋，叫孙甦给那个王姓女生送去。事后，孙甦问起叔父，那女生的上辈是否与他有交情，因为两百块大洋可是一笔不小的数目啊！孙震只是淡淡地回答："是一个部下介绍来的，人家是真正想读书的人。"类似这些"真正想读书的人"，总数有多少？资助费用有多少？恐怕就是孙震本人也记不到、说不清。孙甦记得的有剑阁张国维，后来留学德国和丹麦；吴祖楠留德、殷孟伦留日。

孙琪华是孙震的远房侄女，她的大哥考起了师范大学本科，按学校规定要缴二十个银圆的保证金，家里拿不出这笔钱，借贷又无门，孙母焦急万分。孙震从秘书黄凯公那里得知情况后，立即将她大哥叫去，问大哥为什么不将自己的志愿和家庭困难的情况早早地告诉他呢？从那以后，孙琪华大哥的读书费用，就由孙震全部承担起来。1936年，十六岁的孙琪华考上了四川大学，因早年丧父，家境贫寒，母亲无力供她上大学。孙震认为她一个女孩子能好学上进，打破世俗偏见，想从学业上谋求前途，"殊堪嘉奖"，当即表态，愿意培养孙琪华，并待孙琪华如亲生女儿一般。1939年，孙琪华在孙震的支助下，成为齐鲁大学国学院首届研究生，在成都女界传为美谈。孙琪华的母亲由此经常谆嘱她："将来若能稍有成就，一定要孝顺八叔。受人点水恩，当以涌泉报。"

1937年，南京失守。孙元良率部余六百多人辗转到达武汉。受人诬陷，孙元良自带铺被蹲进武昌银圆局街军法执行总监部的监狱。孙震从徐州前线给孙元良来信："元良品格，震所深信，个人孤僻，亦与震同，故叔侄亦手足也。希代达元良，需款点缀，世俗不免，万勿惜小费，即使多用，震均负担，绝无困难，不可因小事影响事业。"孙元良深有所感，写了《感震叔》诗一首："蔼然一长者，慰我一何切。

'绝不求富贵，但尽为人责'。同情我隐痛，兄弟拟叔侄。关切我老母，孝思警顽劣。何以答悃诚？为人类流血！"不久，孙元良"完全无罪"释放出狱。

　　1939 年春，为躲避日机轰炸，成都县中从城内青龙街疏散到西门外茶店子临时校园，时任校长孙少芝。1940 年 4 月 12 日，成都县中校庆日学校放假，大部分学生都回城了。当天发生大火，疏散房都是十分简陋的茅草房，"火烧连营"根本无法施救。所有的教学设施、学生衣物全部化为灰烬。这是自 1930 年 9 月青龙街大火后，事隔十年，成都县中又一次遭遇特大火灾，学生损失惨重。1940 年 4 月，正是第二次随枣会战期间，孙震在前线得到消息，再一次向母校伸出援助之手，捐款购置图书、仪器等，并向每一位住校学生发放行李、服装、学习用品、生活用品补助费[①]。

　　孙震为了纪念母亲申太夫人，在树德中学还特别设置了"申太夫人奖学金"。申太夫人奖学金分甲、乙两种，凡家境贫寒而成绩又列"三甲"（指学业、操行、体育均列甲等）的在校学生可申请"申太夫人甲种奖学金"；凡树德中学毕业的学生考上国内名牌大学而无力续读者，可以申请"申太夫人乙种奖学金"。当时每人每年可得奖学金一百至二百个银圆，这个数字是相当可观的。学生李景诗，父亲是裁缝，由树德二小升入树德中学，由于成绩优异，获得奖学金业后考入中央大学。当代著名语言学专家山东大学教授殷孟伦、成都体育界知名人士步元凯、省医院儿科主任医师胡玉洁等人，就是由吴照华推

---

① 黄泽生：《成都县中三迁记》，载《金牛文史资料选辑（五）》，第 25 页。

荐，孙震批准给奖学金，长期奖励，才学而有成的。

魏时珍（1895—1992），名嗣銮，1925 年被德国哥廷根大学授予数学、物理学博士学位，是四川第一位获得国际名誉的数学博士，30年代任四川大学理学院院长。魏时珍因反对国民党中央委员程天放任四川大学校长，认为以党治校，有失学术尊严，于是愤而辞去川大理学院院长职务。孙震因敬慕魏时珍才学，经汤万宇介绍，两人成为好友。当孙震得知魏时珍生活有困难时，立即派人给魏时珍送去礼金，数额与教授薪金相当。魏时珍拒绝接受。孙震亲自登门拜访，表达对好友的诚心："朋友有通财之谊，先生达人，何必拒我。我此举也不过聊助先生养清德罢了，何足值怀。"礼金按月送到，直到魏时珍担任川康农工学院院长，有了固定收入，魏时珍提出拒收理由，孙震才停止赠送。

防区制时代，孙震在绵阳驻防，主政绵阳地区十余县政务。孙震特别重视和关心治下的文化、教育事业。他积极支持绵阳、绵竹、梓潼、剑阁、罗江等县的县志修纂工作，修志经费全部由孙震资助。1930 年，孙震与绵阳地区十四县绅民共同集资，在绵阳临园路修建了号称"川西北第一公园"的绵阳公园，至今还为人所怀念和称道。民国十八年（1929），绵竹中学校长黄尚毅到绵阳向川西北屯殖军副总司令孙震提出恢复绵竹中学办学申请。绵竹中学前身为紫岩书院，南宋抗金名将张浚出生绵竹，号"紫岩"。元仁宗延祐三年（1316）光禄大夫行四川省平章事赵世延捐薪，命绵竹县尹以张浚号"紫岩"命名始建紫岩书院，其规模"皆蜀所未有"。光绪三十三年（1907）在紫岩书院旧址创办了"川西北第一所中学"绵竹县立中学，聘县举人黄尚毅为首任绵竹中学校长。

黄尚毅（1869—1938），字仲生，光绪十五年（1889）受学于绵竹硕学杨陪、杨锐。光绪二十年（1902）在京师大学堂优级师范毕业。黄尚毅与"戊戌六君子"之一杨锐为生死之交，杨锐被害后，黄尚毅与其子杨庆昶收敛其遗体并从北京扶柩运回绵竹安葬。他著有《绵竹县志》《杨叔峤（杨锐）先生事略》。民国二年（1913），黄尚毅调任省视学。民国七年（1918）绵竹县立中学因生源不足、经费不足等原因停办。民国十六年（1927），黄尚毅发起倡议，以"绵竹为忠臣、孝子、大将、真儒之邦，应办一所中学"为由，要求恢复已停办多年的绵竹县立中学，并为绵竹县立中学复办之事四处奔波。黄尚毅被绵竹县政府委任为绵竹县立中学校长，他的申请送交到孙震军部。孙震出生于绵竹，童年时代就在绵竹度过的，对绵竹深怀感情。孙震立即签字同意绵竹县立中学复办，并拨款支持黄尚毅建校扩校。绵竹中学恢复办学后，绵竹中学对校园进行了扩建，又在"升阳楼"创办图书室，孙震亲自前往绵竹中学捐赠由王云五主编、商务印书馆发行的《万有文库》图书一套。

1929年出版的《万有文库》是民国初期最有影响的大型现代丛书，王云五先生编写的这部旷世之作，被美国《纽约时报》称赞"为苦难的中国提供书本，而不是子弹"。《万有文库》第一、二集共收一千七百种丛书，第一集计一千种两千册，第二集计七百种两千册。包括《国学基本丛书初集》《汉译世界名著初集》《百科小丛书》《新时代史地丛书》《工学小丛书》《农学小丛书》《商学小丛书》《算学小丛书》《医学小丛书》等。

　　绵竹中学恢复办学后，1942年在初中的基础上又创办了高中，成了名副其实的完中。这所百年老校，1982年被命名为"四川省首批省级重点中学"；2001年被命名为"国家级示范性高中"，成为四川省名校。

　　前不久，笔者采访绵竹市散文学会副会长王兴庭先生，他担任《绵竹先贤》论坛主讲，向我介绍绵竹中学建校以及复校的历史过程。他说，很可惜，孙震当年捐赠的六千册《万有文库》书籍，在1966年秋"破四旧"时被当作"封资修"的书刊烧掉了，绵竹中学图书馆遭此"焚书"，损失惨重，只有少量书籍遗散在民间，他有幸收藏了几本绵竹中学图书馆散落的《万有文库》书籍，算是为绵竹保存了一点儿可怜的民国文脉游丝。

孙震与李劼人的莫逆之交

孙震与李劼人之交，不仅在于两人"情投意合"，互相欣赏这个层面上，随着友情的步步深化，在双方所追求的事业上，更是达到了相互理解、相互支持的深度合作的层面，因而成为莫逆之交。

孙震乃职业军人，李劼人乃大作家也。民国时期，军人和作家成为知音，世间少有。据说，李劼人先生从来不跟国民党的官员来往，也从不接受邀请去谋个一官半职，更不会跟他们交朋友。但是，他跟孙震却是很好的朋友，这在朋友圈中是唯一的例外，但他也从不在孙震军队里谋求任何官职，这仍然是他坚守的底线。

李劼人与孙震年龄相当，时年三十六岁，略长孙震半岁，两人相识于民国十六年（1927）[①]。这一年，孙震因肠胃有疾向田颂尧告假，从绵阳回成都治疗，住在成都西马棚街寓所。李劼人因《川报》被杨森查封，被新组建的国立成都大学校长张澜聘为教授，同时聘请的教授还有魏时珍。魏时珍是李劼人成都高等学堂附中（成府联中学前身）的同窗好友，孙震部下二十九军参谋长汤万宇是魏时珍的蓬安同乡，魏时珍当时租住在黄瓦街。在魏时珍家中，李劼人认识了汤万宇，汤万宇经常向他们摆谈孙震。摆谈中得知，孙震读书好学，轻财重义，喜欢交友，乐于资助文化、教育事业，给李劼人留下了深深的印象。

---

① 李眉编：《李劼人年谱》，载《新文学史料》1992年第2期，第41页。

孙震也早就熟知李劼人的文章风采，算李劼人的忠实读者。后经汤万宇介绍，孙震与李劼人、魏时珍等认识并结交成朋友。

李劼人中学时代受校长刘士志和老师刘咸荥影响最深，他说："达县刘士志先生教我以正谊，以勇进，以无畏之宏毅。""双流刘咸荥先生教我以淡泊，以宁静，以爱人。"李劼人与孙震性格有许多相同之处，十六岁时，李劼人考入成都华阳中学戊班，丁班一个姓盛的学生欺侮他班上一个同学，李劼人仗义执言，大骂姓盛的学生，受到不公道的降学处分，从华阳中学降到华阳小学。李劼人"愤而自行退学"。

此时，孙震正在成都策划筹建树德义务教育董事会，赖家店何家湾孙家祠正在修建之中，孙震决定在祠堂建成之后把它贡献出来办义务学校，免费让赖家店一带家庭贫困的农民子弟来上学读书。李劼人开始创办嘉乐纸厂，因为处于初创阶段，工厂面临许多困难。他除了在大学教书外，几乎所有精力都用在嘉乐纸厂。孙震追求"教育救国"；李劼人追求"实业救国"，殊途同归。李劼人与孙震成为朋友后，仍各忙各的事，虽不常见，但友情却不断地积淀。李劼人曾这样评价孙震："孙先生为人淡泊，待人并不以功利，此足尚也。"

1930年，李劼人因反对国立成都大学、国立成都师范大学、国立四川大学"三校合一"，愤然辞去国立成都大学教授职务，举债三百银圆，自谋生路，于当年暑假在指挥街住家附近开了名为"小雅"的小餐馆。"一是表示决心不回成都大学；一是解决辞职后的生活费用"，夫妻亲自下厨撑灶，李劼人的学生钟朗华则负责"跑堂"。由于李劼人作家、教授的名望，"文豪当酒佣"，"成大教授不当教授开酒馆，师大学生不当学生当堂倌"，成了当年轰动成都的新闻。一年半后，

▶ 孙震　来源：《大将风标》

李劼人的儿子李远岑刚满四岁，就被刘文辉部一连长唆使票匪绑架了。大祸从天降，全家人着急万分。为赎救儿子，李劼人四处筹措银两，夫妇俩无心经营"小雅"，"小雅"便关门停业了。

孙震闻讯李劼人遭此劫难，生活窘迫。在李劼人开"小雅"时，孙震远在绵阳，听说李劼人从成都大学辞职，立即给李劼人写信，劝说他不要放弃文学创作，愿意聘请他做顾问，每月保证他的生活费用，这样他便可以安下心来写作了。对店里的大学生，可资助他继续上大学。李劼人当即回信，谢绝了孙震礼聘顾问的一番好意。"小雅"关门后，英俊的"堂倌"大学生钟朗华读书却成了问题，李劼人请求孙震资助钟朗华，让他完成学业。孙震慷慨应允，每月将资助的学费汇到李劼人家中，一直将钟朗华读书的事负责到底。1931 年，在孙震资助下，钟朗华考上国立青岛大学。"九一八"事变后，钟朗华带头到南京进行抗日请愿，被学校开除。后考入上海大夏大学。1937年抗日战争爆发，经李劼人再次推荐，钟朗华投笔从戎，在第二十二集团军总司令孙震身边任军部秘书、集团军总部秘书和新闻发言人。抗战期间，他一直活跃在硝烟弥漫的战场，先后参加了台儿庄血战、徐州突围、武汉信罗保卫战、随枣会战、枣阳会战、鄂西保卫战等一系列重大战役。钟朗华也不负孙震所望，尤其是对外发布滕县保卫战实况，震惊世界，为宣传抗日，起到了不可估量的作用。1943年，钟朗华授少将军衔。抗战胜利后，钟朗华于1946年毅然退职，回到家乡自贡。1949年秋季学期，他被自贡蜀光中学聘为语文教师，后于2005年去世。

　　1938年，为躲避日机轰炸，李劼人在友人、川大教授谢苍璃手上买下了沙河堡菱角堰二亩多土地，赶修了一间土墙草房，这算是他"在成都有了一个固定的、自己的住处"。1939年春，李劼人举家迁往沙河堡"菱窠"。1939年5月，嘉乐纸厂厂长王怀仲在"重庆大轰炸"中丧生，李劼人不得不接手嘉乐纸厂的全面工作。1940年抗战期间，纸张紧缺，嘉乐纸厂正处于黄金时期。政府机关、新闻出版、军队、学校、厂矿纸张需求量大增，嘉乐纸厂被国民政府教育部指定为国定中小学教科书生产厂家。嘉乐纸厂抓住时机，扩建规模，资金十分短缺，李劼人通过嘉乐纸厂董事会向重庆民生实业公司和孙震、成都树德中学募集了大宗股金。孙震对李劼人嘉乐纸厂扩建在资金上给予了强有力的支持，在嘉乐纸厂入股的股份中，孙震名下的股份为四百七十三股，树德中学董事会股份为一千六百股。后来，孙震又不断地增股，到1942年，孙震、树德中学、"申太夫人奖学金"基金在嘉乐纸厂的三个账户，总股额达到一万五千八百二十七股，股金为七十九万一千三百五十元。1947 年，嘉乐纸厂重估资产，重新登记，全部股金为五百万元，孙震持有股金为一百零九万元（其中"申太夫人奖学金"股金为六十九万元），占嘉乐纸厂总股金的五分之一，成为嘉乐纸厂的大股东。孙震及树德中学董事会巨资入股的目的，一是促进嘉乐纸厂的生产发展，二是通过获得股息来发展树德教育。嘉乐纸厂在有了盈利后，当年即拿出利润的百分之五，设立专项"文化事业补助金"，捐助给文化团体和学校，树德中学每月亦获得此项补助金。

　　孙震巨额投资李劼人的嘉乐纸厂，开创了校企之间的经济文化的广泛合作，通过融资企业，实现校企双赢。树德中学办学资金有了"储水池"，确保了树德中学的有效运转。20 世纪 40 年代树德中学有了很大的发展，树德中学董事会也进行了扩大和增补，1943 年树德中学董事会由第一届十五人增加到三十二人，李劼人应孙震之邀在树德中学董事会担任董事，直到 1949 年。李劼人在文化教育界人脉很广，这也为孙震和树德中学推荐了不少人才。20 世纪 40 年代初，魏时珍辞去四川大学理学院院长职务，先后创办了川康农工学院和成都理学院，并担任校长。抗战胜利后，孙震想将树德教育进一步做大做强，于是邀请魏时珍、王宏时、吴照华、任沧鹏等商量，在树德中学的基础上，再创办一所"私立树德文理学院"，由魏时珍出任院长，将"私立树德文理学院"办成国内名牌大学。孙震的想法很有远见，树德办大学，这样树德教育体系更加完备。用现在的眼光看，树德将发展成为一个从小学、中学到大学的优质教育集团。孙震的构想得到了与会者的支持，大家分头做一些准备工作。后因国共内战爆发，计划中的"私立树德文理学院"胎死腹中，彻底流产了。

1948年10月，淮海大战前夕。李劼人在成都下东大街崇德里三号嘉乐纸厂驻成都办事处秘密约见孙震。孙震时任徐州"剿总"副总司令兼郑州指挥部主任，事关重大。李劼人受中共地下党成都市委的委托，策反孙震率部在前线起义。

十月某日星期六，孙震正在成都度假。在李劼人的办公室，关起门来，李劼人和孙震密谈了约两个小时，之后，孙震起身离去。而李劼人则在他的写字台前默默地坐了一会儿，然后起身收拾藤条公文包准备回家。秘书谢扬青忍不住地问了一声"谈得怎样呀？"李劼人定睛审视着谢扬青，片刻后摇摇头，笑了笑，叹息一声离去。谢扬青明白，各为其主，李劼人一定是受朋友之托，做说服工作，为孙震的命运选择尽点朋友之责。

不准做官走仕途

在孙震一生中，最令人难以忘怀的，是先君芷卿公临终前的遗嘱。芷卿公临终前将孙震弟兄召集在床榻，对孙震及众弟兄说：

> 余半生辛苦锱铢。累积自清白笔耕而来，产虽不丰，若汝曹同心努力勤俭作家，各习一业以补不足，则较余幼年之毫无凭藉者，其难易不啻天渊也。余闻姚崇贤相也，尚以达官身后子孙失荫贫寒升尺之间，参商是竞，遗令豫为分定以绝后争。余特仿姚崇之意，豫为汝等分定，使汝曹知乃父所有不过如此，分之各人断不足持以温饱，庶各勤奋职业以谋生之计也。

姚崇（651—721），本名元崇，字元之，唐代著名政治家。姚崇历仕武则天、中宗、睿宗三朝，两次为相，并兼兵部尚书。唐玄宗时代，姚崇官至中书令，封梁国公。他与房玄龄、杜如晦、宋璟并称"唐朝四大贤相"。姚崇虽为一代贤相，却教子无方。姚崇在身前留下著名的《遗令诫子孙文》中说道："位愈高而益惧，恩弥厚而增忧。"告诫子孙勿图富贵、知足知止，厚德修身，方可长久。他将家产按人头进行分配，断绝今后财产纷争。

芷卿公效法唐代贤相姚崇，将自己的遗产进行分割，让他的后辈知道，他的家产分割给他们，是不能保持温饱的，必须自己勤奋努力，以职业为谋生之计。芷卿公病逝时，孙震尚未成年。家庭失去了顶梁柱，同父异母的大房兄弟比较多，所占遗产份额较多。而留给幺房孙震母亲和他姐姐的则是新繁三十亩薄田和五箱书籍而已。

幼年分家，孙震与母亲独立生活的艰辛，使他年少就明理懂事。孙震在川军混迹多年，知道官场的"水深"凶险，恐祸及子孙。1989年4月，孙震长子孙静山应邀从台湾回到四川，参加成都九中更名"树德中学"暨建校六十周年庆祝活动，向树德中学捐赠图书经费两万元。活动期间，曾对登门采访他的《四川政协报》记者田闻一说道："虽然父亲官做到陆军上将，然而父亲却对我们从小要求严格。要我们读书搞实业，不准做官走仕途。"这是孙震的家训。

遵照家训，孙静山一生从事教育，并且没有在父亲创办的树德中学执教或担任行政工作，仅是挂名的董事而已，也从不干预树德中学的校务工作。

1940年，二十岁的孙静山在中央大学历史系毕业。毕业后，他没有依靠父亲的权势，去谋求一份满意的工作，而是凭着他的优秀学业应聘在四川大学任教，担任史学系讲师。1943年，成都浙江会馆拿出全部资产作为校产开始兴办私立浙蓉中学，校址在成都小天竺街，董事长为孙元良，校长为孙子乐。浙蓉中学当初开办的目的，主要是解决浙江人在川子弟读书的问题，相当于在川浙江人的子弟中学，但随着学校社会影响力的提升，也面向社会招生。学校开班后，校长孙子乐聘孙静山为史地老师。当时，学校聘请的师资力量也比较强，教师待遇也比较高。

一年后，浙蓉中学的情况就很糟糕了。其原因是校长孙子乐在教师工资上大做手脚，以关系亲疏来定工资，贴近他的人工资就高，不贴近他的人工资就少。教师队伍出现很大的波动，一些教学能力很强，工作负责的教师，都纷纷离开浙蓉中学。当然，孙子乐还有其他问题，学校情况越来越不妙。问题反映到教育厅，教育厅责令董事会撤换校长。于是，这一年，浙蓉中学董事会经慎重考虑，聘孙静山为浙蓉中学校长。

二十四岁年轻有为的孙静山，充满朝气和奋发精神，担任校长后，大力整顿校风，聘人唯贤，经济公开，重塑浙蓉中学新形象。孙静山重新组织了教师队伍，教学质量迅速提高，学校社会声誉鹊起。浙蓉中学收费比其他学校还要高，但报考浙蓉中学的学生仍然十分踊跃。学生中有不少外省抗战避难到成都的学生，勤奋好学，形成了学校良好的读书风气。

1943年，十三岁的莫若健小学毕业，考上位于小天竺街的私立浙蓉中学。"初一上学期期末英语考试，二十六个英语字母，不论大小写，我凑都凑不齐。"说起当年学英语的经历，莫老师自己都好笑。后来，语言学家吕叔湘到莫若健所在的班兼课。吕叔湘上课充满激情，朗读课文时声音悦耳动听，让莫若健十分着迷，他天天盼着上英语课，英语成绩也一跃而上。高中毕业后莫若健参军，从事战地英语翻译，英语水平再次得到提升。1958年，莫若健复员回到成都，在成都十四中任英语老师，如今桃李满天下。

孙吉惠毕业于四川大学理学院，曾在浙蓉中学执教多年。他在《我所知道的成都私立浙蓉中学》一文中回忆：

孙静山就职后，连年扩大学校规模，共办成十二个班。住校生所缴伙食费，由学生组成伙食团，自行管理开支，学校只协助监督，严禁中饱私囊的现象。其余代管费如体育费、书籍费等，期末都要公布账目，将结余数退还学生。

1947年秋季，法币猛烈贬值，物价波动很大，教师若仅靠工资生活仍不能安定。成都中级学校均向学生加收尊师费（又称尊师米，是按开学时期的米价为标准加收的），按月送给教师。但这样办，教师后几个月的收入，仍受物价影响。于是孙静山在开学时，立即摸清收到尊师米的数目，并公布出来，全部一次送给教师，以便购成实物保管，免受物价影响。这样做，师生都感到满意。

由于当时物价飞涨，教师伙食不易办好，孙静山慨然将他本人每期全部工资赠送伙食团，使教师营养改善，以利教育工作。

孙静山于1949年上期外出旅游辞去校长职务，教育厅派黄长直继任。

1949年以后，浙蓉中学由人民政府接管，改为第五初级中学，以后易名为成都第二十五中学。

台北南海路是一条绿树成荫、充满文化氛围、环境幽静的街区。这条街由西往东有台北植物园、台北市国语实验小学、台湾历史博物馆、台湾教师会馆、台湾艺术教育馆、台北当代工艺设计馆（前身为台湾科学教育馆）、"二二八"纪念馆、邮政博物馆。在街的南面，与台湾艺术教育馆相对的是台北市立建国高级中学，这是台湾著名的

『北有南开，西有树德』

高中，建校将近一百二十年，被称为"台湾高中第一学府"。

校园掩映在古老苍劲的榕树和高大挺拔的椰树林中，中西合璧拜占庭风格的红色砖体教学楼，显示出古朴、庄重、典雅、大气的校园气质。这座被称为"世纪红楼"的主教楼就是"建中"的荣誉标志，"建中"的学生因为这座红楼被称为"红楼才子"。"建中"向来不标榜升学率，但学生的升学成绩相当优秀，每年都有百分之四十的毕业生考入台湾大学。国际性学术或才艺竞赛表现更是耀眼，"建中"所拥有的数理国际奥林匹克竞赛奖牌，共计六十四面金牌、七十五面银牌、二十一面铜牌，居全世界高中之冠。诺贝尔物理学奖得主丁肇中、著名作家白先勇、艺人苏有朋等，也都曾在建中留下学习的身影。

1949年，孙静山去了台湾，就一直在"台北建中"教历史，直到退休。时任校长贺翔新，毕业于北京大学，来台之前，曾任河北省教育厅长。他将"北大精神"带到了建中，学校民主空气和学术氛围都很浓。

一位建中毕业的学生回忆说：

> 虽然我那时厌恶历史，但是有两位历史老师我还记得。一位名叫孙静山，四川人（据说是四川有名的才子），他是我高三（甲组）时的历史老师。他令我印象深刻是因为他"不照课本上课"。他在叙述清朝末年遭到列强侵略时，一大半的叙述都是在讲清政府的愚蠢和无能，而不是外国列强有多可恶。换句话说，他将我们的视野拉到历史事件上，让我们看到前因后果，看到"故事"。

马英九在 2007 年 11 月写下的《猖狂少年建中时——我的击壤歌

之一怀念师恩》中回忆建中老师孙静山，文中叙述道：

> 高三历史老师孙静山，他算是建中的一绝。他的历史讲得真好，有些同学到了高三会翘课，但是孙老师的课一定不会缺堂。大学联考，我们班上有人选填台大历史系、师大历史系，也是受到孙老师的影响。而孙老师的不食人间烟火也很出名。他上课常常手持一把羽扇，操着四川的口音，有条不紊地讲述历朝历代将相公侯，那把羽扇在胸口扇啊扇的，悠悠晃晃的。我们听到忘我处，漫游的神思仿佛也历尽"大江东去，浪淘尽，千古风流人物"的唏嘘……他讲历史，能够阐述历史事件的来龙去脉，微言大义，让学生真正能够从里面，对历史有宏观的掌握，这正是孙老师受学生欢迎的原因。

在《猖狂少年建中时》中，马英九对孙静山老师还有这样有趣的描写："有一次，孙老师上课上到一半，忽然停下来，大家正在纳闷他在干吗，只听他用浓浓的四川口音问道：'你们大专联考，地理和历史，是不是合起来考？'闻言全班都笑歪掉牙……在孙老师的想法里，联考是学生的事，他教他的历史。"

马英九在文章中回忆，老师话音刚落，他便依样学样地说了一遍，惹得堂下学生一片笑声。对此，马英九写道，并非他有意学老师说话，只是孙老师在全校老师之中太特别了，他留着很有特色的胡子，给人一种仙风道骨的感觉，讲起历史的时候也特别带劲，谈古论今，嬉笑怒骂，自如快意，无论是他的语调，还是他的四川腔以及他的神态，都很令学生们神往。

马英九笔下，孙静山确为"一绝"。儒雅、飘逸、风趣，口才如江河滔滔，风度如周郎翩翩。一个新鲜生动、可敬可爱的教师形象跃然纸上。

孙琪华在世时，曾解读马英九写的这件事情，她说：我堂哥也记得很清楚，还和我谈笑时说起过。他说，马英九不仅四川话字正腔圆，甚至连音调也与自己极其相似……因为马英九学得太像了，又是好学生，堂哥也不好当场发脾气，只是事后将马英九叫进办公室批评了一通。堂哥现在也九十三岁了，前年（2012）回成都时是坐着轮椅被推回来的，给我说了他在台湾的很多事情，还说马英九前几年经常去看他。

孙琪华（1920—2016），是孙震的侄女，孙震一直将她当作自己亲生的女儿，孙琪华也将"八叔"孙震当作自己的父亲。孙琪华原籍浙江，祖上游幕来川。祖父弃儒经商流寓到四川宜宾定居，祖父中年去世，家业由长子执掌。1920年，孙琪华出生刚三个月，其父因患疟疾病逝在四川长宁县衙，因父亲在长宁为官时，常对家人说："我只给儿女留仁义，不给儿女留金钱。"父亲去世后，没有足够的生活来源，仅靠父亲几位朋友按月送来一点儿存款利息，母亲带着四姊妹艰难度日，后辗转到成都定居。

"我们的家业好似无源之水，终于到了枯干的时候……这时候要没有德操八叔向我们伸出支援的手，我们一家早成涸鲋。"（孙琪华《蕺葇草·我的母亲》）

1936年，孙琪华考上四川大学，比她大的哥哥、姐姐先后都有了工作，家庭经济有所好转。自小受父亲遗嘱"要教育子女自立，决不能灌输他们心存依赖祖产的思想"影响，孙琪华立志通过读书上大学找到自己的理想之路。在民国时代，一个女孩子有自己的理想抱负、有独立人格的追求，让孙震很惊奇，他也非常欣赏她的胆识，当即明确表示支持，并愿意培育她成长。孙琪华的命运由此发生了逆转，"在德操八叔膝下，我才知道人生也有欢乐温暖，才尝到做娇女的甘甜"（孙琪华《蒉葜草·我的母亲》）。从此她消除了自卑感，在学业和事业上积极奋进。1937年抗日战争爆发，大学时期因擅长演剧与歌唱，曾成为川大抗战宣传团成员，为抗战宣传做过贡献。

1939年，孙琪华从四川大学史学系毕业，考上了私立齐鲁大学第一届国学研究所研究生班，成为顾颉刚先生的弟子。1943年，孙琪华从齐鲁大学研究生班毕业，当时，四川省参议会有个议案，其精神是"哪县的学校交给哪县的人办，女子中学要用女性来当校长"，孙琪华虽然学历很高，但没有资历，不能在成都县做校长。只有在外县历练过，才能考虑。她要去的外县是资阳简易师范学校，条件很差。经费、校舍、生源、教师，凡此种种都不如意，孙琪华拒绝去资阳简师做校长。孙震知道孙琪华不愿去资阳简师的理由，严厉地批评孙琪华："人家要你去历练，是为你好，不是整你。一点儿经验没有，怎么能在成都和这些老校长竞争？到一个规模较差、环境较苦的学校，才历练得出本事来。那时回成都，才站得住脚。努力去做吧，有困难再告诉我，我帮助你。"孙琪华愉快地去了资阳，孙震支助了两亿法币办学经费，虽然法币贬值，但两亿也不是小数，在资阳简师也能办许多事。孙琪华也不负八叔孙震的信任，把资阳简师办出了起色，赢得了"年轻好校长"的名声。有了资阳简师的历练，孙琪华一年后任成都县女子中学校长，就成熟多了，这一干就是六年，直到 1950 年 3 月她告别成都县女子中学，成为自食其力的街道妇女。1982 年，时年六十二岁的孙琪华受民革委托，创办"振中学校"，并担任校长。

在孙震家训的影响下，孙静山、孙琪华一生从事教育，到晚年都没有离开教育。两位九十多岁高龄老人也一直关心着树德教育，支持着树德教育。

难忘的树德学生时代

　　树德中学以"树人树德"为办学宗旨，以"忠、勇、勤"作为校箴。学校以"从严治校"而闻名于教育界，以"唯贤是求"的标准汇集了一大批如陶亮生、张采芹、庞石帚、罗孔昭、罗孟桢、魏炳若等名师，在短短的时间内，跃上全国中学名校的榜位，因而获得了"北有南开，西有树德"的美誉。

　　树德中学毕业的学生刘玉珊，1949年以后也从事了教育事业。几十年过去了，树德中学在她一生中打下了深刻的烙印，曾经教过她的老师，音容笑貌、谈吐举止都历历在目。她在《回忆我的母校——成都树德中学》[①]一文中，还原了那段情深意切的场景，一组民国树德教师敬业风范的群像鲜活生动地展现在我们面前，既亲且善，既严且宽，读来让人荡气回肠。

　　　树德中学的教师，大多是品学兼优之士，深受学生敬爱。他们学有专长，教学有方。他们讲课中清晰的讲解，严密的推理，生动的描述，慷慨的陈词……都给我们留下了难忘的印象。

　　　罗孔昭老师是我高中时的国文教员。他长于经学，博览群书，讲课时左右逢源，听他圈点古文时的朗诵，真是韵味无穷，常常

---

①　载《四川文史资料选辑（第34辑）》1985年，第59—61页。

令人感到时间过得太快。他对学生亲切慈祥，但要求极严，凡是讲过的文章一律要求背诵，决不许讨价还价。

生物教师郑朝润，讲课语言生动形象，讲述娓娓动听。一次，他讲细菌，手里拿着一杯清水，语调铿锵地说道：一杯清水，清明澄净，看来了无一物，但在显微镜下，却是众生芸芸的大千世界……学生完全沉浸在他美妙的讲述之中去了。郑老师的板书美观，绘图使用彩色粉笔，精美逼真。

历史老师罗孟祯，文学素养很高。善于引用古典诗词，评价历史人物、历史事件，给人留下极深刻的印象。他在讲南宋朝廷腐败昏庸，偏安杭州，爱国将领抗金壮志未酬时，飞快地在黑板上疾书辛弃疾《永遇乐·京口北固亭怀古》一词。那清秀流利的行草，像书法珍品一样铭刻在我的心里，至今还历历在目。

化学老师周守谦，文质彬彬，作风谨严，讲课准确清晰。指导实验，交代细致，从未出过一点儿事故。常绘图展示化学变化的过程，图形精确，线条笔直，既快又好，使学生叹服。

三角老师杨俊明是一位亲切而又严格的长者，他利用黑板简直是一种艺术，定理、公式、解题各有布局，对学生极富启发性。他的板书整洁美观，等号的两条横线平行相等，像是用直角比着画的。我们的作业也自然模仿杨老师的写法，力求美观整洁，但等号往往要借助米尺才行。杨老师讲课，语言少而精，快慢适度，停顿的时间正足以容你思考，这就使你的思路跟着他的引导渡过一个个难关，最后达到豁然开朗的境界。

体育老师王世琨，擅长篮球。她投篮时轻捷的身影，灵活的动作，每投必中的技术，常常使我们羡慕不已。她对我们的要求严格，但方法很好。一次远跳，她向我发出口令：目标，沙坑尽头，跳！我一跳出，竟跳出了四米一的成绩。在课堂上，她常常勉励我们要甩掉"东亚病夫"的帽子，女孩子也要有志气，练出强健的体魄。当时的女学生往往以娇柔为美，而王老师却要我们练得结结实实的，这实在是一种难能可贵的新思想。

训育主任廖清华老师，品性端洁，对工作极端负责。她对我们严格要求，但却坚持说理教育。我们一有过失，她总是晓之以理，从不大声斥责。有一次，上晚自习了，我们还在自习室托排球，她执行校规，罚我们星期天在办公室里学习两个小时，不放回家，她也在办公室里陪着我们。我们都从心里感到惭愧，由于我们的过失，廖老师的星期天也被耽搁了。

我自己做老师也三十多年了，对老师的甘苦，我有了切身的体会，也就更加怀念我的老师。有的老师已离开了人世，但我在心底却永远记着他们！

树德中学高六班学生、东海舰队司令部军事学术研究员离休干部王价在《回忆母校树德中学》①文章中写道："余家与树德学校颇有渊源。"王价的父亲王蕴滋与树德学校董事长孙震是旧友。王价和妹妹王淑媛、弟弟王六安先后分别就读于树德第三小学、树德第二小学。

王价的姨妈王孟媛、嫂嫂吕琴如、兄王小安、妹王淑媛，初中都

① 载《树德中学校志（1929—1999）》第四编，其他四川省成都树德中学编，第474—475 页。

就读于树德。1941 年秋，王价和兄王小安从成都县立中学初中毕业，双双同时升读树德中学高六班。他高度赞美"受业诸师，其学术之醇厚，执教之严谨，训诲之有方，风度之端雅，品学二行，身言两教，堪称典型，垂范于今"。

　　陶亮生师教国文，浅出深入，阐发幽微，议论博雅，妙语如珠，满堂活跃。罗孟桢教授历史，融史与论与文而一，凡社会之演进，制度之兴替，政权之更迭，寻本求源，检讨得失，剖析教训，周不精当。罗孔昭教授说文，教学缜密，始于当始，终于当止。划然成章。板书尤具一格，融楷隶及艺术书法一炉，洒脱而有法度。值日生课后不忍抹去，诸生争相摹写。至于肖晓畯师之几何，周守谦师之化学，李书宜师之英文法，万千里师之英语，郑朝润师之生理，陈砚芳师之音乐，各有独到，获益匪浅。

1932 年，树德中学在宁夏街创办，孙震特别叮嘱校长吴照华"一定要有一个像样的体育场"，并且亲自检查体育设施的落实情况。体育场建成后，占地约六十余亩，建有八条跑道、三百米长的环形田径场，田径场内是沙土足球场。田径场外四周分布着二十多个篮球场和排球场，还有单双杠、木马、吊环、沙坑、爬杆等运动设施。树德中学每年春秋两季的大型运动会就在这里举行。

郑日泉于 1942 年 9 月考入树德中学，1947 年 9 月毕业，在树德中学学习生活了五年。此时的树德中学，已发展到初高中十五个班，学生九百余人的规模，在成都已是一所颇有影响的完中了。郑日泉在校期间，十分热爱学校的体育活动，他在《回忆树德中学的体育运动》[①]一文中，记录了学校体育活动的许多细节。

　　每天下午四时至五时，正是一天紧张的六节课堂学习之后，全校八百男女学生一齐涌现在宽阔的大操场上，或打篮球或跑步或做单双杠活动，总之，按各人兴趣的爱好积极参加各项体育锻炼。这正是我们学生一天最轻松愉快的时候。偶尔还举行校际篮球比赛，其紧张激烈的场面，常使同学们看得津津有味。每期期末的体育考试，老师都订有明确的评分标准。达不到及格要求的就得补考，补考再不及格的就得留级。

　　"快归队，速成行，齐集操场上，来玩玩铜球、铁饼共标枪。遇障碍，莫要慌，跑径赛，定要忙，争个胜负较短长，志向要挥张。练就钢筋铁骨，气体刚强，好把敌寇攘。"学校运动会会歌，好像还在耳边。每年春秋二季，树德中学都要举办学校运动会。春季运动会每年 4 月 4 日举行，这是全校最大规模的活动，不仅树德中学全体学生参加，树德一小、二小、三小、四小都要派选手参加比赛，远在绵阳的树德小学也要派代表队参加。运动会开幕式上还要举行高中学生的军训检阅和小学、初中学生的童子军检阅。检阅队伍入场，由军号手组成的乐队引导，阵容整齐、精神饱满，在《树德中学运动会会歌》声中接受学校检阅。运动会竞赛项目丰富多样，不仅包括了现代田径运动的所有项目，此外，

----

① 载《四川文史资料选辑（第 42 辑）》。

还有乒乓球、踢毽子比赛。特别引人注目的是自行车比慢，那时成都自行车很少，能骑自行车的人当然也很少。比慢，这个项目很新奇，看的学生就比较多。

小学各年级学生必须参加几个小学同一年级之间的团体对抗赛，中学则分成初中各年级之间的团体对抗赛和高中各年级之间的团体对抗赛。团体对抗赛项目包括五十米、一百米迎面接力赛，急行跳远，立定跳远等。因此，树德中学是全体学生参加的体育竞技活动，而不是少数选手的表演。树德中学在不少项目上都达到全市中学的先进水平，特别是女生的成绩更为突出。1942年11月1日《新新新闻》报道树德中学秋季运动会盛况和成绩时称赞道："该校女生之体育，素执蓉市体育方面之牛耳。"1943年11月，成都市大中学运动会召开，全市有十余所大学和三十余所中学参加，中学女生组十个田径项目中，树德女生夺得了急行跳远，五十米、一百米接力赛等七个项目的冠军。1948年4月，在成都举行的"四川省参加第七届全运会预选赛"，在女子组九个田径项目中，树德中学女生夺得三项冠军。1946年，树德中学女子排球队是当时成都市中学校女子排球队一支非常了不起的强队。1949年以后，队长阙永伍和队员杨宗敏，成为最早一批国家女排队员，阙永伍还荣任国家女排第一位女教练。任国钰、叶孝玉、孙叔培、向天瑜等成为国家、西南、省女子排球队队员。树德中学的体育活动得到社会和新闻舆论的普遍好评，赞誉树德中学"为全川最注重普及体育之学校"。

　　校园学生学术团体和兴趣组的成立，确保了丰富多彩的课外活动的开展，吸引了许多学生参加。最多时达到二十五个，比较有名的是慧光社、弘毅学会、骆驼学会、树光学会、黎明学会、工读团、火光电机学习组、呐喊剧团、互助学会等。树光学会办有民众夜校，普及科学文化知识；弘毅学会以联络本校志趣高尚、品质优良之学友砥砺学行、训练办事能力，活动生气勃勃，并办有藏书千余册的图书室，供学会会员和有兴趣爱好的同学阅读。

　　学校还邀请著名学者来校演讲，活跃读书风气，增长学生见识，梁漱溟、翁文灏、孙伏园、钱穆、吴贻芳等先后来树德中学作了学术演讲，为树德增辉不少。树德中学男高十三班毕业生韩邦彦，曾于1988—1992年担任四川省副省长，他深情地回忆：

　　　　我是男高十三班学生，1947年冬就毕业离校了。虽然时间已很久远，但母校对广大学子总具有很强的亲和力。至今，校友们参加树德同学会的活动仍相当踊跃；不少班级的同学已白发苍苍，仍在定期聚会，互助互勉。为什么有这么强的凝聚力？我想，这是因为大家难忘良师之教诲、益友之切磋、校风之陶冶；大家感激母校在中学阶段为我们打下一个终身受益的、全面发展的基础；大家怀念无猜无忌的学子生活，珍惜美好的同窗情谊；大家也深为母校解放以来，特别是在改革开放年代里，众志成城，励精图治，雄风继张，勋业更著而感到自豪。[①]

---

① 载《树德中学校志（1929—1999》志序，四川省成都树德中学编，第1页。

树德小学重建传薪火

秋季，是个收获成果的季节；秋季，总是让人心怀期待。

2010年9月6日，《成都日报》等几家新闻媒体报道了一则消息："石室树德落户成华，四大名校亮相城东"，许多市民对这则消息也许并不在意。报道中一条小标题《八十一年后树德小学原址恢复办学》引起了几位白发苍苍的老年读者的格外关注，这几位老年读者将这条消息通过电话、短信等方式传达给省外、海外的树德校友，告诉他们树德小学恢复办学的消息。原来这几位老年读者，当年曾在树德小学读过书，而今虽是耆老之人，却有着深深的树德情结。这消息飞过台湾海峡，九十高龄的孙静山在台湾获此消息，激动不已。由于健康原因，孙静山不能亲自赴成都来看看，他委托远在深圳八十多岁的树德校友冯树盛老人代他前往恢复办学的树德小学看看。

这年10月初，冯树盛和另一位树德老校友找到了位于保和街道辖区和美社区万科北路的成都树德小学，校长肖凯热情地接待了他们，并向两位老人介绍了树德小学复建的过程。

2005年，位于东三环路外侧保和街道原胜利村，由中国著名的房地产开发商万科集团成功地打造出"万科魅力之城"住宅小区和蓝光集团开发建设的"富丽东方"小区，引领了城市东部建设的高潮。2008年"5·12"汶川特大地震后，首创、摩玛、海上海等地产商纷纷跟进，在胜利村投资兴建中高档居民住宅小区和商城。很快，这一带就形成了购物中心、超市、市民休闲公园、餐饮、宾馆、公交场站、地铁、银行、菜场、幼儿园、娱乐广场等商业服务网点齐备的新型城市社区，热闹、繁华、时尚的和美社区，居民入住户已达一万一千多户，居住人口约五万。成华区政府特地在万科北路规划出二十一亩土地，作为学校配套建设用地。灾后重建，加快了胜利村这片区域的城市化建设进度，为了适应城市小区的管理，胜利村也由此改为和美社区。

2010年9月，在和美社区这片原本贫瘠的黄土地上，一座建筑新颖、环境优美、设施齐全的现代化小学校在"万科魅力之城"展现，引起了和美社区周边住宅小区居民纷纷前来打探，这是一所什么样的学校？

这所新学校取什么名呢？这自然引起了成都市和成华区教育部门的高度重视。这所新学校地处保和，1929年著名的树德教育就在距此不远的孙家祠创办，是树德教育的发源地。树德第一小学建校离今已有八十一年历史，1949年以后，树德小学从一小到四小以及树德中学，便纷纷改姓换名了，从此"树德"就消逝在人们的视野之中，淡化在人们的记忆之中。1988年，孙静山应邀回成都参观成都九中，再次表达原树德中学海内外校友要求恢复"树德中学"的愿望。1989年，在树德中学校庆六十周年庆典上，成都九中正式恢复"树德中学"校名，这一善举得到树德中学众多海内外校友纷纷"点赞"。

成都九中恢复"树德中学"校名，自然引起人们更多的联想。树德中学是树德小学的延续和发展，树德小学是"源"，树德中学是"流"，血脉相连。在当年树德小学的发源地保和街道辖区，居然没有一所"树德小学"。然而，树德教育的"根"就在保和，树德教育的历史应溯到这里，树德教育的精神是在保和生根发芽、开花结果的，这一切毋庸置疑，也让树德小学老校友们充满期待。一位不知名的树德小学老校友，曾写了一首诗，诗中这样写道：

> 二九年，保和场；四月四，树德堂。将军孙德操，家祠办学庠。怜己求学苦，倾囊为家乡。树德第一小，自此始滥觞。续办二三四，再办中学堂。忠勇勤为训，立德重学养。师高弟子强，盛名播四方。白发学童今尚在，闲坐犹念孙师长。

万科北路这所新建的学校，邻近孙家祠，当年孙家祠树德一小义务教育的范围也覆盖了赖家坡这片乡村区域。因孙家祠临近成昆铁路，成绵乐城际铁路、成遂渝高铁线路都经过这里，城市规划受到严格限制，在原址不具备恢复建校的条件，在胜利村原地复建是最理想的方案。成都市和成华区教育部门做出决定，将这所新建的小学正式命名为"成都树德小学"，意在传承树德教育的薪火，光大树德教育的传统。2010年9月，成都市和成华区教育部门在成都石室中学北湖校区隆重举行成都树德小学等三校落成典礼，并向成都树德小学正式授牌。

八十一年后，树德小学以崭新的面貌出现在保和。复建之初，由成都市优质教育集团双林小学实施一体化管理，学校既秉承原树德第一小学"树人树德"的办学宗旨，又以"七彩树德童真校园"为现代办学方针，面向保和街道辖区和美社区，天鹅社区和东升社区，东客站地区的适龄儿童，让他们能就近上学读书。

肖凯校长带着冯树盛老人参观了整个学校，对校园环境、教学设施、后勤保障、师资力量、学生来源做了全面的介绍。冯树盛对政府恢复树德小学，在保和原地恢复重建十分满意，并向肖凯校长表达了树德老校友的谢意。

冯树盛将他在树德小学的所见所闻，通过电话传达给了孙静山。同时，冯树盛与在成都的孙琪华联系上了，孙琪华听到树德小学在保和原地复建，非常兴奋。经冯树盛老人介绍，肖凯校长在百寿路孙琪华寓所拜访了这位传奇老人，向她介绍了树德小学在保和原地复建的情况以及学校现在的规模。树德小学总投资为三千五百万元，占地二十一亩，建筑面积约九千三百九十七平方米，办学规模三十个班，可提供一千三百五十个学位。老人虽已年届九十，说起树德，话也很多，她表示愿意为学校提供原树德一小的有关校史资料。

孙琪华立即给堂兄孙静山写了一封信并寄上刊有树德小学复建消息的《成都晚报》。孙静山看到堂妹孙琪华的来信，心潮起伏，亲自给树德小学题写了"树人树德"条幅。孙静山在回信中写道：

> 一小初立，实加惠于东山一带至大。此一大片地，当时并无学校……父亲一生致力于办学，树德一小是他最用心的一所学校，也是他创办教育的开始。一小的重生也就是延续了他的办学精神。

他告诉堂妹，他现居台湾，身体状况还不错，从学校退休后，在家写点儿文章之类，尤其关注后辈的教育事业。

孙静山不能亲自来成都，特委托孙琪华将"树德树人"条幅赠送给树德小学，以表示对成都市政府原地复建树德小学的感谢和祝贺。孙静山遥望大陆，感到欣慰：父亲在晚年和临终前，常常牵挂着树德。

▼ 孙静山书写的"树德树人"条幅

人 樹 德 樹

▲ 成都树德小学教学楼　冯荣光摄

树德中学的复名和树德小学的原地复建，让树德教育的薪火得以传承，可以安慰一生为树德教育倾其财产、呕心沥血的抗日名将和著名教育家父亲的在天之灵。

2010 年 12 月 14 日，"心系教育·情满树德——孙震将军家人回树德小学捐赠仪式"在保和街道辖区和美社区万科北路成都树德小学隆重举行。成华区四大班子领导、成都市以及成华区教育局相关领导、成都市政府督学出席了隆重的捐赠仪式。九十高龄的孙琪华代表孙震后辈，冯树盛代表原树德一小、二小毕业校友出席了捐赠仪式。孙琪华代表孙静山向树德小学肖凯校长捐赠了孙静山先生手书"树人树德"条幅，及由她主编的回忆孙震将军的专著《大将风标》、树德一小历任校长名单和几十年前树德学校的照片资料。对这个有八十一年历史的学校来说，有着非常重要的史料收藏价值。树德小学校长肖凯表示，学校将把这批珍贵史料作为第一号校史资料予以永久珍藏。他还告诉我一个感人的细节，孙静山写好"树德树人"的条幅后，在落款押上他的印鉴时，印章盖得不是很清晰。他感到一丝遗憾，又另外补盖印章，一同寄来。孙静山老人如此严谨、认真、细致、负责的作风，让肖凯校长深受感动，更加深刻地感受到"树德树人"的精义。

金秋蓉城，花团锦簇。2017 年 10 月 13 日，这天是中国少年先锋队建队六十八周年纪念日，树德小学在大操场举行隆重的纪念活动。应肖凯校长之邀，笔者亲临现场参加了"红领巾下的誓言——树德小学纪念建队六十八周年主题活动"。

这是一次盛大的检阅，两千多名学生穿着"树德小学"的校服，戴着鲜艳的红领巾，按班级整齐地排列在大操场接受检阅。孩子们红扑扑的笑脸，宛如早上八九点钟的太阳，健康活泼、意气风发、充满朝气。学校艺术团表演了他们自编自演的文艺节目舞蹈《映山红》，小演员们很有艺术表演天分，在舞台上展现他们靓丽的舞姿。在《中国少年先锋队队歌》乐曲声中，老队员给新入队的少先队员佩戴上鲜艳的红领巾，新老队员举起右手，五指并拢，高举过头，相互致以少先队员的敬礼。新队员在大队辅导员的带领下面向队旗庄严宣誓，鲜艳的红领巾在胸前飘扬，为他们幸福的时刻而歌唱，为他们幸福的童年而欢笑。

他们是幸福的一代，沐浴着温暖的阳光，吮吸着甘甜的雨露。与八十一年前在孙家祠树德一小他们曾祖辈读书时的情况相比，真是天壤之别。那时的孩子打着赤脚，衣衫褴褛，面有饥色，欲求温饱而不可得。如果他们的曾祖辈们能活到今天，看到他们曾孙辈们上学读书的幸福场景，看到树德小学美丽的校园环境，他们一定会感慨万千，流下激动的眼泪。

2017 年，成都市树德小学已经走过了第七个年头，学校复建初期是由双林教育集团进行一体化管理，在"扶上马，送一程"之后，2013 年树德小学就完全实现了独立自主办学。之后，树德小学一年一年地发生着可喜的变化，连年获得成华区教育局的表彰，荣获"成华区校风示范学校""成都市品格示范学校""成都市阳光体育示范校""成华区学校体育、艺术、卫生教育建设先进单位"等称号。

进入学校大门，左侧是呈"E"形平面的教学楼，教学楼共有四层，依序排列的是"童心楼""童真楼""童趣楼"，每栋楼山墙立面装饰分别用浅绿、浅黄、浅蓝不同色彩和不同的儿童图案标示出来，既和谐又美观。右侧是两千米赭红色塑胶四跑道小学标准田径运动场，场中是绿色的塑胶草坪足球场、篮球场。操场的正面是室内运动场，艺术体操、歌舞排练、篮球比赛都可以在这里开展。

"童心楼"和"童真楼"之间，是由一组以纪念树德第一小学创始人孙震为主题的三座古铜色浮雕墙构成的小花坛，让人抚今追昔，鉴往知来。

"吃水不忘挖井人"。第一面浮雕墙由孙震塑像、孙家祠树德第一小学旧址、树德小学毕业生老照片和树德创始人孙震生平简介组成，主题鲜明、图文并茂、简明扼要，将树德第一小学创办的历史浓缩在这面浮雕墙上。第二面浮雕墙是"树德树人"，"树德树人"是树德第一小学创办时的宗旨，也是树德教育精神的核心所在。第三面浮雕墙是"广才广能"，这是树德教育"树人"的标准，也是复建后的树德小学培养学生德智体美艺全面发展的目标。

站在这三面浮雕墙面前，追溯树德的历史，是为了面向未来；找回树德的记忆，是为了不能忘却的"根"。历史和现实在保和这片热土上重合，前后两个树德小学不再是简单的复制，而是薪火传承的递进关系，继承——发展——创新——面向未来，树德教育精神世世代代薪火相传，在21世纪中国特色社会主义新时期将继续被发扬光大。

听到教室里传来的琅琅读书声，听到来自音乐室悦耳的童声，看到运动场上足球健儿矫健的身影，看到图书馆阅读课外书籍的儿童。无论在教室里、阅览室，还是在操场上，无论是讲课，还是指导学生课外活动，你都会看到一个个年轻教师的身影。青春，展现在他们的笑脸；理想，激荡在他们胸怀。他们来自长城内外、大江南北，是华东师大、华中师大、东北师大、陕西师大、西南大学等高校毕业的本科生；有的还是毕业的研究生，在儿童教育、儿童心理等方面具有专长。树德小学就有十一位研究生，占教师总数的百分之十，这批年轻教师是学校教学的主力军。如此强大的师资力量，正以稳健的步伐践行"树人立德、呵护童真、唤醒智慧"的教育追求，构建适合儿童的多元课程体系以及丰富多彩的校园文化。

多才多艺的年轻教师们，充分发挥着自己的特长，将学校的文化艺术体育活动搞得风生水起。学生在学习之余，可以根据自己的爱好，参加各种活动。有的参加民族舞蹈、拉丁舞、合唱团，有的参加航模、机器人的科技活动，有的参加足球、篮球、羽毛球、田径、定向体育活动，有的爱好戏剧艺术表演。足球、乒乓球是树德小学的强项，足球拿下了"2017成都钱宝腾龙杯全国少儿足球精英赛（U8）冠军"，乒乓球男子团体和女子团体分别荣获"成都市体彩杯第二十一届乒乓球活动月调赛"一等奖、二等奖。

学校将学生家长中的交警、空乘人员、医疗人员等请到学校，开设"家长课堂"，让家长与学生互动，通过讲述充满故事情趣、生动活泼的见闻，让学生喜闻乐见、兴致盎然，从而接触到更广泛的生活生理知识和社会文明常识。

"树德立人"，树德小学学生获得的知识虽然主要来自课堂教学，但是丰富的课外活动和"家长课堂"，让每一个学生知识面更广、眼界更宽，动手能力、创新能力得到增强，遵守社会道德、维护社会文明的自觉性得到了加强。

漫步树德小学，各个楼层、教室、图书馆、楼梯间、巷道以及校园绿植三角地、运动场甚至围墙，宣传橱窗、标示、文图、大幅墙体绘画，都能让人强烈感受到"七彩树德童真校园"的氛围，所有这些设计颇具匠心，色调的搭配、器物的摆放、图案的明快、植物的套种，都非常适合少年儿童的成长心理，接近自然，接近本真，接近童心。

"美"的潜移默化无处不在，七彩树德"润物细无声"。"赤橙黄绿青蓝紫"是阳光中最丰富的自然色素，又是可以变幻万千、创造自然之美的基本色。

2010年，应树德小学肖凯校长之邀，成都作家刘小葵、吕守藩满怀激情写下了《成都树德小学赋》：

> 天府沃野，华阳故国，自古多硕儒贤相；西岭雪峰，东山树影，从来照虎符龙光。中原酣战之年，几多黎庶成饿莩；锦水浣纱之季，一小书声透晴窗。树德为祠，祖荫无非一族；树德为庠，教化足达四乡。一而二，多宝寺继赖家店；三及四，簸箕街踵树德巷。义务办学，武人与文士竞怀；孩提精进，西蜀并齐鲁同光。文翁当有灵，论孟屐痕印同巷；武训应无憾，田畴弦歌充行囊。
>
> 新城东，沧桑巨变；新跨越，脚步铿锵。吾侪多福，教育大纛舞炎夏；兹土有幸，树德小学续辉煌。八十一载风物，情牵芼莘学子；四千余坪校园，再闻芝兰芬芳。树即梧桐，引得来仪鸾凤；德则机杼，炫出锦绣文章。书卷乾坤大，仁德日月长。积跬步而致千里，累丝缕以成匹丈。出潭蛟龙，更喜沧海浩瀚；试翼鹰隼，何惧云天苍茫。赞曰：
>
> 薪火相传，化民兴邦；
>
> 树德广才，余音绕梁。

成都东站的前世今生

　　向东、向东！成都东部，古来就是成都人向外开拓，沟通川东、川南、川中的政治、经济、文化联系的纽带。而东部的龙泉山脉是一道天然屏障，它犹如一座坚不可摧的长城，既保护着这座城市的安全，又给这座城市设置了一道交通障碍。2008年"5·12"汶川特大地震后，成都东站落户保和，在原沙河堡火车站旧址，重建了一座"高大上"的火车客运站。从东客站坐高铁穿隧道，过龙泉山也就短短十分钟左右，成都人向东通江达海的时空距离被大大缩短了。而东山这片黄土小丘也彻底告别了昨日，展现出中国西部铁路大枢纽最壮丽、最辉煌的图景。

李劼人的成都东站梦

"走进候车厅熙熙攘攘的人群，见到背携行李的旅客，我的头脑中突然跳出了一个熟悉的作家的名字：李劼人。先生要是活到今天，也来到这个候车大厅，他会做何感想呢？我这一意识流式的跳跃式想象，并非毫无来踪的瞎想，乃是基于先生生前的的确确有过对成都东站的美妙设想。"在北门古三洞桥沙河边，李劼人研究学会秘书长张义奇先生与我等文友一起"谈茶"，讲述他在成都东站坐高铁的感慨，讲到李劼人先生对成都东站的设想，既令我对李劼人先生早年有此设想而惊叹，又勾起我对李劼人先生故居"菱窠"的回忆。

李劼人先生家居沙河堡狮子山麓的菱角堰，居所被称为"菱窠"。"菱窠"是我再熟悉不过的地方，那时，这里还属金牛区保和公社花果大队，沿山坡地种满了桃树、柑橘，一到春季，桃花灿若云霞、柑橘花香扑鼻。我在四川师范大学读书，从四川省邮电学校围墙外抄近路、走小道，往返学校都要经过"菱窠"。周太玄[①]之子周孟璞在《我所知道的菱窠》中写道："李伯父在他的地上修起了一座土墙草屋，取名菱窠，就是'菱角堰边的窝'的意思，谢无量曾为此写过'菱窠'二字匾挂在门前。……抗日战争胜利后，菱窠进行了扩建，既增加了楼，又添了一些附属房屋，基本上达到现有规模。解放以后才把草顶改为

---

① 周太玄（1895—1968），四川成都人。原名周焯号朗宣，后改名周无，号太玄。李劼人中学同学，少年中国学会发起人和重要领导人之一。著名生物学家。

1939年菱窠旧景.
李诗云2013:3作

▲ 1939 年菱窠旧景，李诗云作。　来源：李劼人故居纪念馆

瓦顶，菱窠多年没有修围墙，菱角堰边的垂柳和铁藜就成了墙。院内种花种菜，真是一片美丽的田园风光。"

"菱窠"在我的印象中与川西坝乡村林盘中的民居没有什么差别，普通的柴门，竹篱院墙，旁边是一方不很大的叫"菱角堰"的堰塘，堰塘边有小块的冬水田和菜地。那时，"菱窠"没有人居住，柴门总是挂着一把锁。从竹篱院墙稀疏的缝隙中就可以看到院中的一切，绿树、竹林掩映着一幢青砖灰瓦的两层楼房和一排粉墙平房，院坝干干净净的。如果不是在省邮电校工作的哥哥告诉我，这就是写《死水微澜》的大作家李劼人先生的故居，我真还不敢相信这普通的林盘院落就是大名鼎鼎的李劼人先生的故居。我在川师读书的那几年，李劼人先生已去世十多年了。因为"文革"，学校停课，少年时与同学偷偷传看撕去了封面、书页翻来卷边的"禁书"《死水微澜》，对小说中天回镇的罗歪嘴、蔡大嫂等人物和故事情节耳熟能详。同学之间私下还互相摆谈故事中的精彩情节，并对小说中的老成都方言感到新奇。至于作者姓甚名谁，书的封面撕掉了也无从知晓。上川师知道了"菱窠"，也才知道了李劼人先生，也才知道《死水微澜》是李劼人先生所著，也才知道他曾经担任过成都市副市长多年，在任期间，没有任何"官气"做派，始终保持着一介"平民布衣"的本色。由此，我更对李劼人先生生出无限敬意。

李劼人先生怎么会产生出"东站"的构想呢？

1957年9月，李劼人先生举家从市区内西马棚街公寓搬回"菱窠"，从此深居简出，静心写作长篇小说《大波》。清寂的生活，让他有更多的时间在《大波》里徜徉，然而，又深深感到与友人相会"郊区交通非便"。"菱窠"离沙河堡街上有半里多路，进城要步行穿过上沙河堡、中沙河堡、下沙河堡，过沙河五福桥走旧成渝公路到牛市口才能坐上公共汽车。"菱窠"到牛市口步行大约要一个小时，李劼人先生要进城会友，友人要到"菱窠"来看望李劼人先生，彼此都很不方便。1962年成都市开通了九眼桥到川师路口的公共汽车，进城看似方便多了，但在"一分钱恨不得掰成两半用"的年代，许多老百姓为了节省下那几分钱，一般还是走路进城。但对晚年的李劼人先生来说，却是一桩特大的喜事了。李劼人先生居家城外沙河堡，非常渴望他的老朋友能来"菱窠"，远离喧嚣，彼此毫无顾忌地放声高谈。"老去胸中，有些磊块，歌罢犹须著酒浇。休休也，但帽边鬓改，镜里颜凋。"①

1962年11月10日李劼人先生在写给魏时珍②的信中，还特意说道："每逢周六和周日，由九眼桥至川师路口之公共汽车增多一辆，班次较密，来回亦较便。若能（于是日）携同蒙胡③齐来，更可放言高论。"隔了两天，即11月12日，李劼人先生在"菱窠"与作家出版社韦君宜先生兴致勃勃谈他的创作设想，说："《大波》第四部将在1963年脱稿，下一部的计划已经考虑得比较具体化了，准备写五四时代各种各类知识分子的动态，定名为《急湍之下》。"哪知，事隔一月，李劼人先生在四川省文联会议室听报告，吹了"过堂风"，

---

① （宋）刘克庄《沁园春·答九华叶贤良》，见《唐诗宋词鉴赏经典集·宋词》第518页。

② 魏时珍（1895—1992），四川蓬安人。李劼人读成都高等学堂分设中学时同学。早期少年中国学会会员。留德数学博士，四川大学数学系教授。中国介绍爱因斯坦相对论之第一人，著有《孔子论》。

③ 蒙胡（1894—1968），即蒙文通，四川盐亭人。四川大学教授，著名历史学家，也是李劼人、魏时珍中学时期的同学。

身体不适。夜半，李劼人先生将《大波》第四部第四章第五节写完，身体已经非常虚弱了，他强忍着突发性哮喘带来的剧烈咳嗽，在日记中留下了最后的绝笔："……写到第四章第五节，今日共写三十一行，计一千四百余字，哮喘发作，不能执笔……"凌晨，家人将李劼人先生送往青羊宫省医院，他已经昏迷不醒，确诊为高血压、心脏病。12月15日，李劼人先生从昏迷中醒来，向医生述说，《大波》尚有三十万字没有写完，希望病能被治愈。12月24日20点05分平安夜，李劼人先生与世长辞，享年七十一岁。

李劼人先生家住"菱窠"，朋友来访、家人出行相对不便。生前，他曾构想：能够在沙河堡附近修建一个火车站，对于包括他本人和家属在内的当地居民就方便多了。

20世纪50年代，成渝铁路、宝成铁路通车后，成都火车站就建在北门。沙河堡距离成都火车北站约十五公里，如果乘坐公交车到成都火车北站，需要转三次公交车。从沙河堡坐到九眼桥，从九眼桥转乘到盐市口，盐市口再转到火车北站。

按那时的交通状况和城市道路水平，无法与今日可比，保和街办斑竹社区的老居民蒋思友就有切身体会。他说，有一年他去绵阳走人户，差点赶掉了火车。那天，他出门还早，转几趟公交车就把他等恼火了。一是等车时间久，用他的话说，"脚都站弯了还看不到车影子"；二是上车基本靠挤，蒋思友当年可谓身强力壮的大汉，但"背上背一坨，手上提两坨"，像他那样，人多又拥挤要上车很费劲，好不容易挤上车，大冷天累得汗水直冒；三是车子基本靠滑，老成都都知道，坐公交车你得有耐心，离站还老远，汽车就开始慢吞吞地滑行了。你要赶火车，看到这样，火冒三丈也没用，油门没在你的脚下，一切只有耐心。四是挤得前胸贴后背，有人嫌挤踩到脚了，立即就有人反唇相讥"嫌挤，你就去坐电抱鸡儿（成都早期的出租车）"。当年，这情景可是坐公交车的常态。从沙河堡到火车北站起码你要预留半天时间，由于等不到公交车，挤不上公交车，或公交车"不赶急"，赶掉火车的现象是经常发生的。

　　1958 年 7 月 1 日，成昆铁路在"大跃进"的号角声中开工建设，之后经历了几上几下。1960 年才从八里庄成都东站（货站）铺轨到彭山青龙场，完成了六十一点五公里这一段铁路。1961 年夏，由于连连遭受暴雨和洪水袭击，沿线大多数桥梁遭到水毁，损失惨重，导致施工进度非常缓慢，直到 1962 年成都到彭山县青龙场才开办临时运营。1964 年，成昆铁路全面复工，1968 年从彭山青龙场铺轨到乐山沙湾，建成了一百一十三公里路段；1966 年成都到峨眉正式通车运营，1967 年 1 月，乐山沙湾到甘洛段通车。将近十年，成昆铁路才从成都通车到甘洛。

　　成昆铁路从成都火车北站起，经成都东站（八里庄货站及铁路编组站），由北往东再南下经过金牛区保和乡境内，在四川师大附近拐了一个大弯向西通往成都火车南站，它像一张大弓将成都的北部、东部、南部联结起来。在 20 世纪 60 年代初，成都到青龙场之间的铁路开通营运之前，成都市政府与成都铁路局曾经计划在成都东部建设一个新火车站。

　　1961 年元旦，李劼人给远在北京外交部工作的女儿李眉（远山）写了封长信，他向李眉详细介绍了成都一年来的"几个好听的事件"：

第一件是成都的钢产量提前十七天完成了计划；第二件是成都的煤炭供应全部实现了自给；第三件便是成昆铁路已经通车至彭山青龙场。就在这第三件好事中，李劼人写道："大观堰建成面粉厂斜对一华里许，正在修建东火车站，据说明年可以修成，上下客货；将来尔等回来，便可在东站下车，距离菱窠不过一公里许，实在太方便了。"[①]

李劼人对"东火车站"充满了期待，喜悦之情溢于言表。不过，这距离"菱窠"不过一公里的"东火车站"，与后来被称为成都东站，即位于东郊八里庄的那个货运编组站完全不是一码子事。"东火车站"实际是成昆铁路线上一个四等小站，后来定名"沙河堡火车站"。

沙河堡火车站作为成都火车北站与成都火车南站之间的在城东保和乡境内的区间站，由于车站等级低，不可能规划相应的商业配套设施、交通组织和公交、长途汽车站，仅有通往峨眉方向的慢车在站上短暂停留。

火车站名为"沙河堡"，实际落址却在保和乡杨柳店。南面离沙河堡约三公里，北边距保和场有两公里多。火车站只有一条坑坑洼洼的碎石路通到南边的老成渝公路大观堰路口，没有公交车到沙河堡火车站，下车要走这么远的路，当然很不方便，因而没有成为李劼人先生所盼望的能上下旅客的"实在太方便"的东火车站。

李劼人先生理想中的"东火车站"，其地位应该与火车南站同等重要，是成都东部的火车客站。也许，是受那个时代经济发展的局限吧，向东发展的条件很不成熟。东山是一片广阔的乡村，农业人口流

---

① 王嘉陵主编：《李劼人晚年书信集（增补本）1950—1962》第 88 页，四川大学出版社 2012 年版。

动受到极大的政策限制，城镇人口比例很小，客运量严重不足，加之成昆铁路的建设一直处在"上马"与"下马"的徘徊之中，"东火车站"计划可能无法实施。但不能不佩服，沙河堡火车站选址的前瞻性，正因为有这些因素，才为 21 世纪的成都东客站建设留下了足够发展的巨大空间。

"东火车站"没能出现在成都东部，直到这位对故乡城市充满期待的老作家已经故去了半个多世纪后，他梦寐以求的宏丽的东客站才终于在东山的土地上拔地而起。"李劼人先生若九泉之下有知，定然会欣喜万分，想必还会毫不犹豫地挥洒他如椽大笔，为我们留下一篇锦绣文章。"张义奇先生如是说。

家门口的沙河堡火车站

邹廷发是保和乡杨柳村村民，1958 年成昆铁路开建，他刚好出生。他的家就在沙河堡火车站规划的铁路线上，是当年保和乡最早的拆迁户，铁路部门给了几十元的拆迁费，他的家就被重新修建在铁路站场外，从此与沙河堡火车站成了五十年的老邻居。他在成昆铁路火车的汽笛声和隆隆的车轮声中长大，他最深刻的童年记忆就是看绿皮车厢中南来北往的陌生面孔和一长串望不到头的货车。

1962 年成都火车北站到彭山青龙场通车，沙河堡火车站选址在一条两百多米宽的"冲沟"上，即浅丘低山之间的带状平坝。站场上只有三股道，场台十分简陋，没有围墙隔离，附近的农民都可以随意穿进穿出，跨越铁路线。铁路两侧是被当地叫作"包"或"埂"的小山丘，高出于"冲沟"三五米的台地，种着玉米和红苕，地里不时可以看到在田野劳作的社员和一早一晚农家茅屋缥缈的乳白色炊烟，听到远远近近、此起彼伏的鸡鸣狗叫的声音。按当年老外对中国乡村的诗意描绘，是"一幅多么美丽宁静的古典风景画"。

这条铁路穿越东山广袤的黄土浅丘，当巨龙一样的火车拖着长长的浓烟，轰隆隆奔驰在铁道线上，保和的客家人纷纷倾家出动，站在铁路沿线打量这个"怪物"，称"洋房子夹滚滚儿，跑得轰隆轰隆滴"。自他们祖上来川二三百年，只坐过鸡公车，在老成渝路上也看到过一颠一簸、开得摇摇晃晃的汽车。火车，让他们开天辟地第一次亲眼目

▼ 成都东站前身——沙河堡火车站　冯荣光摄

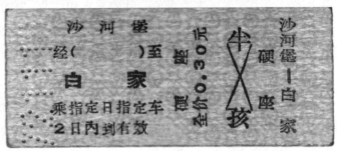

▲ 1972 年的火车票

睹了这个庞然大物，感受到呼啸如虎的赫赫声威和旋风一样刮来的巨大力量。他们也许还没有感觉到，一个工业化时代正伴随着火车汽笛声向他们走来，也将逐步改变和影响他们"日出而作，日落而息"的传统农耕生活方式。

铁路、火车，对农村娃娃而言，好像是一个启发着他们想象力和创造力的游乐场。邹廷发和他童年的小伙伴们经常在铁路边上玩耍，有时卧在铁轨上，耳朵紧贴着钢轨，听火车传来的声音。当火车车轮磨擦铁轨的声音越来越大时，小伙伴们惊呼一声"火车来了！"像一群惊飞的麻雀，立即跑离铁轨。远远地看着火车，用手捂着耳朵，心扑扑地跳动。火车司机似乎有意要给这群孩子开开玩笑，拉响汽笛，火车一声狂吼，呼啸而去，留下那群被汽笛声惊呆的孩子。

20世纪六七十年代，电影《铁道游击队》可以说对成长中的青少年影响很大，尤其是生活在铁路线上的青少年。那是一个崇拜英雄的年代，影片中的铁道游击队大队长刘洪，是那一代青少年的偶像。从八里庄方向开来的火车从沙河堡火车站出站后经过大观堰，从大观堰到四川师大后面的"大峡谷"，这是一段高出两侧地面好几米的夯土护坡，又是一个很大很长的弯道，火车到大观堰就要减速缓行。这一段距离就成了一心想当"铁道游击队"的小英雄们爬车练身手的好地段，既刺激又风光。

从沙河堡开出的货物列车，一般有二三十节车厢，除了闷罐车，还有平板车、油罐车等，有时在东站各种车厢会编组在一起，形成混合列车；有时是单一货物车厢，平板车就是平板车，闷罐车就是闷罐车。这就给"小英雄"带来了很大的选择余地，平板车是最好爬的，火车开动还可以在平板车上来回走动，迎着扑面而来的凉风，甚至可以豪迈地高唱《铁道游击队》电影插曲"爬上飞快的火车，像骑上奔驰的骏马，车站和铁道线上，是我们杀敌的好战场……"再就是厢式货车，旁边都有攀爬的扶手，经常可以表演刘洪的经典动作，一只手抓住扶手，另一只手挥舞黄泥做的手枪，这造型还是很拉风的。通常有不少货车要在沙河堡火车站停车，要与前面的来车错车。邹廷发的小伙伴们就会趁停车的间歇时间爬上去，等火车开到大弯道减速时，再从车上溜下来。这样的"英雄"，并不是所有的孩子都敢当的，那毕竟是个"危险的游戏"，有的"英雄"跳车时技术不过关，摔得鼻青脸肿还算好的，摔断手脚就麻烦大了。所以能当"英雄"的只是极少数。邹廷发就说过，他不敢跳火车，看到有人从车上摔下来，心里就害怕，更主要的是家里人知道了，"笋子熬肉"青竹条子打得你精痛。

　　邹廷发是在老成渝路边上的工农兵中学读的书，从家里到学校有几里路远，学校靠近大观堰铁路边。他打双光脚板，背上书包，每天在铁轨上数着枕木上学。对他说，穿铁路比走机耕道好走。铁路上平顺，下雨也不怕。有时还可以在铁轨上练练平衡，两手打抻，踩着铁轨就像踩在学校的平衡木上，一摇一摆的。几个同学兴致来了，一路上还来个比拼，看哪个在铁轨上走的时间长。为了防止安全事故，铁路上在路边上专门立了"回头望"的警示牌，提醒路人不要只顾埋头走路，要经常回过头看看有没有火车。

　　让邹廷发至今摆起都觉得好笑的是，火车站信号员传递信息方式之"土"，"土"到啥子程度，你想象不出来。火车要到站了，信号员就已经等在铁路站台边了，他手上拿了一个圆形的铁丝网，铁丝网里面是沙河堡火车站到成都南站，或沙河堡火车站到成都北站，属沙河堡火车站管辖范围内沿线行车安全情况以及前面车站的电话记录。火车缓缓进站的时候，司机在车头扶梯上伸出手来，一把将铁丝网抓到手上，看里面纸条上写的前方路况信息。然后，司机一拉汽笛，就加速驰离沙河堡火车站。

邹廷发在铁路边长大了，二十二岁的他赶上了改革开放的好时代。1980 年以后，沙河堡火车站来来往往的火车就多起来了。他每天都会看到绿皮火车经过他的家门，透过车窗，看到不同着装的旅客，笑逐颜开地向他挥手致意，他感觉到沙河堡火车站开始变了。

在他的记忆中，沙河堡火车站就在他的家门口，可是，他的父母从来没有带他坐过一次火车，就连村上的许多大人也没有坐过火车，更别说娃娃了。"那时，农村人太穷了，根本没有钱坐火车，"邹廷发回忆说，"像模像样地坐火车，还是后来成都东客站修起了，出去旅游坐过。"

人民公社时代，家家户户的麦秆、谷草都要靠生产队分配，草房每年都要换新的麦草或谷草，用来煮饭的就很少，烧柴不够用，村上的大人娃娃就在沙河堡火车站捡"二炭"。同铁路上混熟了，火车司机还专门"照顾"村民，卸下的煤渣中有很多没有"烧过心"的"二炭"，这些"二炭"无烟、熬火，关键是不花一分钱。这些"二炭"给沿线的村民带来了意想不到的温暖，解决了农村人缺少柴火的困难。

20 世纪 80 年代，农村出现了养殖专业户。眉山、彭山一带做鸭子生意的专业户，通过成昆铁路将鸭子贩运到成都。铁路部门加开了短途闷罐货运列车，促进沿线的物质流通。成都周边成昆铁路沿线的场镇经济发展如火如荼，双流的白家、彭山的青龙场、眉山的太和场逢场天人山人海，交易十分活跃。摆脱了人民公社体制，二十来岁的邹廷发第一次在家门口坐火车去赶双流白家场，他没有坐绿皮车，而是坐票价十分便宜的闷罐车，绿皮车票价是三角，闷罐车还要打半折，车票一角五分。坐火车让邹廷发开阔了眼界，他看到了商机，也开始动起勤劳致富的脑筋来。

　　沙河堡火车站那个时候开始扩建场站了，位于沙河乌龟坝的成都无缝钢管厂离沙河堡火车站大约三公里，钢管厂的支线铁路穿过沙河、经过塔子山在沙河堡火车站接轨。因此沙河堡火车站又增加了两根道，站场扩宽了许多。随着城东地区和保和辖区的经济开发，沙河堡火车站开始经营整车货物发送，攀枝花市、四川冶金、木材公司都在这里租用土地，设置物资仓库和货物专用堆场。然而，沙河堡火车站等级低，周边的路网建设并不配套，许多年还是农村的老土路，让一些到沙河堡火车站拉货的汽车司机吃尽了苦头。曾经有位从甘孜州拉原木到沙河堡火车站的司机，拉着满满一车原木到沙河堡，他以为火车站就在沙河堡，转过来转过去就是找不到火车站，整得晕头转向，不辨东西。下车来问路，沙河堡街上的人给他指路，往龙泉方向走，出沙河堡过了大观堰左边有条路，进去就是火车站。他开车过了大观堰，左边根本没有一条像样的路，也没有明显的指示牌。在他印象中，通往火车站的路肯定是一条大路，而且是柏油路。他一直开车到了龙泉驿，也没有找到沙河堡火车站。一打听，才知道他走了"冤枉路"，还得原地返回到大观堰。折腾了一整天，他总算找到了卸货的沙河堡火车站，装卸的农民工都回家吃晚饭去了，找不到人下原木，也没地方吃饭，连一口水都喝不到，气得他吹胡子瞪眼睛一个劲儿抱怨。

沙河堡火车站成了一个小型货站，许多物资要在沙河堡火车站装卸、堆放，比如原木、沙、石、条石等建筑材料，钢材、铝锭、煤炭、玻璃……装卸这些物质需要大量的劳动力，让保和乡杨柳村、斑竹村村民真正感到受益的就是解决了当时农村富余劳动力，这两个村许多青壮年都在铁路上做装卸工，而且挣的是"现钱"。那年头，在生产队干活，只有一年结算下来，才能看得到一点现钱。

在火车站干活的农民工多起来了，干体力的都是要抽烟喝酒的，买烟买酒买点其他小食品没有地方，跑到别处去又不方便。邹廷发看准商机，就在沙河堡火车站旁边开了个"幺店子"，经营烟酒茶、小食品、小百货之类的。"口岸"占好了，农民工图个方便，邹廷发也图个赚钱，"幺店子"的生意还蛮不错的。当小老板了，邹廷发坐火车的时间就比过去多了，在家门口坐一趟闷罐车到火车北站，从荷花池市场进货，三角钱当天打个来回，太划算了。即使跑远一点的彭山青龙场，来回也不过六角。二十来年，靠着沙河堡火车站做点小生意，邹廷发的日子越过越好。二十世纪八九十年代，他在杨柳村算是率先实现家庭现代化的人物之一，电视、自行车、手表，还有吃的、穿的，逐步实现了"鸟枪换炮"。

成渝就在咫尺间

1978年，"文革"后恢复高考的第二年，新都中学高中毕业的秦勇，考上了位于重庆北碚的西南农学院（现西南大学）。在成都火车北站月台上，我送他上车。在即将赴渝的欣喜中，他又有一丝淡淡的忧虑。那个年代，坐火车出行是唯一的、最快捷的交通工具，但又是最拥挤、最难买到票的，尤其是"春运"和9月大学新生入学的期间，常常是一票难求。他说："老师，以后回重庆的火车票，就要麻烦你了……"

我家住在成都北门，离火车北站很近。那年，我在新都中学实习，秦勇是我这个班上的语文科代表，短短一个月，我与秦勇结下了深厚的友谊，他将我当成一个值得信赖、可以托付事情的朋友。我拍胸脯让他放心，说今后寒暑假回重庆的火车票就包在我身上。

凡是坐过火车的人，对盐市口东御街那幢灰色的大楼都会留有深刻的印象，那幢大楼就是成都火车站市内售票处，这个售票处主要是预售三天发往全国各地的火车票。那时坐火车，不像现在手机上、网络上、代售点上都可以购票。要坐当日的火车，就在火车北站购票。要买预售火车票，就只能在东御街。从盐市口到百货大楼，路经东御街，你就会在这里看到售票处门外经常围着一堆一堆的人，有买票的、有倒票的、有兜售火车时刻表的、有叫卖各种小玩意儿的、有给钢笔刻字的……

1980年春节，我接到秦勇的来信，初八他就要返校，托我给他买到重庆的火车票，特别强调一定要买到坐签。我知道，春节过后火车票是相当紧张的，探亲的、上学的都集中在初五过后，那是春运的高潮。初五一早，我骑车到东御街，没想到情况比我想象的还严重，排票的人从大厅里一直蜿蜒到五金交电公司。这条长蛇队伍半天没有挪动一步，队列中不断有人插队，也经常引起拥挤、争吵，不时还有"武打"剧情上演。很久没有坐火车了，看到这种景象让我脑壳都大了。一看售票处的公告，到重庆的预售车票初五到初七的特快坐签已没有了。只有几趟慢车还有希望，不能影响学生的返校日程，我决定当天晚上通宵来排队，一定要把票买到。

当天晚上 12 点过，我穿上厚厚的军大衣，在地上铺了一张旧报纸开始排队。好在前面只有十来个人，买张坐签是没有问题的。漫长的冬夜特别难熬，凌晨四五点钟，大厅里各个窗口已排满了人，秩序也还井然。天亮了，后面的人越来越多，前面的担心有人插队，每一个人的前胸和后背都贴得紧紧的，不留一丝可插入的空隙。卖票的时间快到了，大厅里气氛一下就紧张起来，每一排队列的两边都围满了人，人群不时有些小小的骚动。开始卖票了，窗口前就开始拥挤了。旁边一群人突然挤了过来，像潮水一样把队列冲散了。排了通宵的人不甘心让这伙人占便宜，于是大家抱成团，又把那伙人挤开。那伙人于是抬起两个人，从人头上扑过去，强行挤到了窗口。后来，终于有志愿者来维护秩序，轮到我买票时，慢车的坐签也没有了。排了一个通宵，也只能买一张站票了。我满头大汗挤出大厅，仰望灰蒙蒙的天空，一声叹息。那时的重庆，太遥远了，慢车"摇"到重庆要十几个小时，在拥挤嘈杂、空气混浊的车厢里"站"十几个小时，我真不敢想象是啥滋味……

三十五年过去了，"沧海桑田"，那一页已成为"老黄历"了。

2015年底，成渝客运专线（俗称成渝高铁）建成通车，是四川盆地内连接成都和重庆的首条高速铁路，也是西南地区第一条高速铁路，设计时速三百五十公里，全线采用双线无砟轨道，全长三百零八公里，比老成渝铁路缩短里程近两百公里。

从20世纪50年代的成渝铁路到2006年开行的成渝城际列车，从2009年的成渝开行动车到2015年开行的成渝高铁……重庆和成都的距离，随着铁路运行时间和里程大大缩短，成都、重庆已成了一小时经济圈的两个近邻，高铁第一次将这两个不同气质的城市拉得如此之近，连彼此的呼吸都能听见，彼此的脉搏跳动都能触能摸。

2016年春节前，我在成都东客站接从重庆返回成都探亲的秦勇，他在北京工作，因工作原因，绕道重庆回新都。走出成都东客站，他十分感慨。大学四年，寒假、暑假往返于成都、重庆，时空距离总是那么远，现在坐上成渝高铁一个半小时，不过两节课的时间就到成都，真有恍若隔世的感觉。

成渝客运专线通车带给成渝两地人民的喜悦，丝毫不亚于1952年老成渝铁路的通车。1952年老成渝铁路通车，圆了四川人民四十年期盼的"铁路梦"。2015年，成渝客运专线通车，圆了川渝人民追求美好生活的"高铁梦"。几十年来，为了拉近成渝两地城市间的时空距离，成渝之间的铁路建设不断追求新的目标，尤其是改革开放以来不断刷新纪录。

1987年12月24日，成渝铁路实现电气化，运力翻倍提高，等于新修了一条成渝铁路，时间也比蒸汽火车缩短了一半多。2006年5月1日成遂渝城际列车开行时速一百六十公里的动车，成渝间的时空距离进一步缩短到四小时之内。2012年12月30日成遂渝城际铁路复线建成通车，开行时速两百公里的动车，成都三个小时就可以到达重庆。更加优越和快捷的是成渝客运专线，成都东客站到重庆北站一小时四十分钟。

2015年底，成渝高铁通车没多久，我和家人专程到重庆旅游，体验乘坐高铁的快感。高铁票是儿子在网上订购的，到了东客站只需用身份证在自动售票机身份证验证区感应识别，视屏上就显示出已经订好的火车票信息，确认无误后，点击"打印"即可自动出车票，真是太方便了。经历了当年东御街排票的"过来人"，再体验如今网上订购无人售票的先进和人性化，无不感慨：这变化太大了！

第一次在成都东客站坐上成渝高铁"子弹头"列车，跨上由成都东客站引出的长达二十一公里的铁路高架桥，不到十分钟就穿过了七点三公里全线最长的龙泉山隧道，奔驰在丘陵起伏的四川盆地。一个小时进入重庆境内，一小时五十五分到达重庆北站。

"子弹头"是铁路现代化的标志，也是一个国家现代化程度的象征。

1978年邓小平访问日本，10月26日从日本东京前往京都。东京到京都的距离大约是三百七十公里，邓小平乘坐的"光—81号"新干线列车，首次体验"子弹头"。工作人员问他乘坐新干线有什么感受，邓小平回答说："就感觉到快，有催人跑的意思。"

当我们坐在电视机前看到邓小平访问日本的这个画面，富士山下飞驰而过"子弹头"，日本交通的现代化给我们年轻一代极大的视觉冲击。大家议论纷纷，感到十分的新奇。单位中，有一对分居成渝两地的夫妻，各自收藏了一叠厚厚的"两地书"，彼此的关心和情怀只能贴在那张八分邮票上，在成渝之间彼此隔空期盼，等候信件是他们生活中的重要内容。夫妻俩一年难得有两次相见的时间，女方想照顾夫妻关系调到成都，因"单位所有制"人才流动难于上青天，无数次的努力，都以失望告终。夫妻双方感到绝望，长期分居的生活彼此都无法忍受。当他们在离婚协议书上签字后，夫妻俩十分伤感，十分无奈，挥泪而别。那位同事看了电视，深有感触地说："如果那时我们有高铁，成都到重庆一两个小时就到了，那要解决多少夫妻分居两地的难事啊……"

那时中国刚刚结束"文革"那场运动不久，邓小平1978年访日，"高铁概念"意外地在中国进行了一次现代科技大普及，"子弹头"留在了中国人的脑海中，无疑成了中国人改革开放，实现"四个现代化"的一个"中国梦"。

现年八十九岁高龄的李致^①先生2017年在《四川散文》发表了一篇文章《回重庆，圆了我的高铁梦》，其中写道：

> 20世纪80年代，我三次去日本，多次乘坐日本高铁新干线。

---

① 李致，生于1929年，巴金侄子。曾任共青团四川省委《红领巾》杂志总编辑；共青团中央《辅导员》杂志总编辑。1977年后，历任四川省出版局副局长兼四川人民出版社总编辑、中共四川省委宣传部副部长兼四川省出版总社社长。离休后连任三届四川省文联主席。2012年被授予"巴蜀文艺奖终身成就奖"。主要作品有《我的四爸巴金》《铭记在心的人》《李致与川剧》《往事随笔》。

当年，新干线的时速，按路段有所区别，从一百多公里到两百公里不等。车厢舒适，服务周到。以后得知，小平同志对新干线也很赞扬。这引起我很多联想，渴望我国也有高铁，但不知什么时候才能实现。

2008 年，我国建成从北京到天津的第一条高铁。近十年，全国已有二点二万公里高铁。里程领先于世界各国，时速也位居前列。我儿子从北京去上海，多次乘高铁，他认为高铁比飞机准时和舒适，高铁站离市区也比飞机场近。可惜，我高龄、腿不好，一直没有乘坐过我国自己的高铁。

最近，我儿子回成都探亲，我们谈到重庆，谈到高铁，他鼓励我乘高铁去重庆。我欣然同意。11 月 5 日上午九点半，我们乘坐和谐号高铁去重庆，时速二百九十六公里。在重庆，两位老朋友的儿子接待我们。我有二十年没有来过重庆了，重庆的变化很大，可惜我无法细看，只好选看我熟悉的地方。我们乘汽车"跑马观花"：曾家岩 50 号周公馆，前面新有周恩来的全身塑像；上清寺，中共重庆市委机关，我曾在礼堂晚会上，第一次看见周总理；两路口，共青团市委机关，我在这里工作过四年；中山三路，重庆市劳动人民文化宫，小平同志当年的题字清晰可见；原国民党杨森的公馆，1947 年"六一"大逮捕我被关押在此，1955年我又在这里参与修建少年宫；人民解放纪念碑，1947 年这里曾是精神堡垒，表示不惧日本对重庆的大轰炸，1949 年底决定改为人民解放纪念碑，以前大大高于四周建筑，现在周围大厦矗立，显得很矮；等等。这些地方或原址对我有着特殊的意义。原想去沙坪坝，我曾在这里搞过学生运动和青年团工作，但没有时间去。

当天下午五时半，再乘高铁回到成都。单程一小时四十分钟。车站为老人服务，用轮椅把我从车厢送出车站，我感谢他们，向他们鞠一躬。

年近九十，这次回重庆，我见证了祖国可喜的变化和成就，并圆了我的高铁梦。

2017 年 12 月 26 日，成渝高铁开通两周年。两年内，有五千二百万人次选择乘坐高铁往返于成渝两地。从十二小时到五小时到一小时三十分，成渝两大城市的"同城梦"，正随着不断缩短的铁路运行时间逐渐变为现实。如今，高铁不再是梦。成渝客运专线建成后，乘坐最先进的国产和谐号"子弹头"列车往返于成渝两地之间，不仅速度快、旅程时间短，列车上的舒适度也实在是"安逸得板"。

"我丈夫在重庆工作，今天是他的生日，我从成都过来给他做生，一起吃个饭。"在成都东客站候车的冯静娴女士说，"现在高铁到重庆很方便，手机上买票，说走就走，一个半小时到重庆，有时候在城里回家堵车都不止这点时间。"我问她："你们为什么不调在一起呢？"冯静娴女士笑笑说："距离产生美，我到重庆，他来成都，就个把小时，相当于成都到温江、郫县。成都和重庆也越来越大，住在成渝两地有两个家，经常交换地方，大家都有新鲜感。"

"隆鑫集团公司总部在重庆，因为项目合作的事，就要经常到重庆去开会。"项目策划人林德伟先生笑称自己是成渝交通发展的"见证人"："我工作的时候经常出差坐火车到重庆，那时坐绿皮火车要十二个小时。1995 年成渝高速公路建成通车，有了成渝高速大巴，四个多小时到重庆，算快的了。后来，'和谐号'动车开通，成都到重庆两个小时，我就开始坐动车。再后来就是高铁了，一个半小时到成都。涉及重庆的项目，我基本选择坐高铁，快捷、安全、平稳、舒适，有时事情办完，当天就可以打来回，节省了住宿费也节省了时间。"

2018 年 1 月 25 日，重庆沙坪坝高铁站正式建成通车，每天始发十趟高铁到成都东客站。这样，成渝客运专线除了重庆北站，沙坪坝就是第二个成渝城际高铁站。菜园坝重庆火车站也将实施改造，即将成为第三个成渝城际高铁站。成渝高铁实现了城际之间"一小时距离"，重庆和成都的"同城梦"被拉得更近，仿佛从城北到城南，一抬腿就到。

气势恢宏的成都东站

　　走进成都东客站，无论是靠近中环路锦绣大道的西广场，还是邻近东三环路的东广场，我想每一位到成都东客站乘车的旅客，第一眼看到的一定是候车大厅正立面醒目的"成都东站"四个红色大字和青铜面具"大眼睛"立柱塑像。

　　成都东客站体量庞大、巍峨壮观，在进站入口长方形巨型玻璃幕墙两侧是巨大的青铜面具"大眼睛"，柱状撑拱像张开的两只手掌轻轻托起"成都东站"红色字体下的巨型屋盖，在整个以白色为基调的现代建筑立面和背景镂空幕墙映衬下，青铜面具古朴的质感特别突出，引人注目。建筑设计师巧妙利用"三点一线"的几何原理，将青铜面具呈单线条图案构成支撑立柱，让整个建筑立面达到完美的和谐。它不仅给人以美的享受，还给人以力的稳重感。青铜面具以简洁的图案，表现出一对深邃而又明亮的"大眼睛"，两眼之间的眉心是一块约呈方形的面饰，像一枚青铜印章，留下远古蜀人神秘的图案纹饰。

　　无疑，成都东客站青铜面具"大眼睛"造型设计取材于广汉三星堆遗址出土文物"铜人面具"，而将独特的"铜人面具"作了艺术的再创作，取其大眼睛和眉心方形饰纹与成都东客站现代化主体建筑元素融合一体。青铜面具"大眼睛"通过强烈的建筑艺术视觉冲击力，表达出古蜀人对客观世界从未停止的认知和探索的目光，让人们感知从古蜀文明到现代文明漫长的进化历程，古蜀文明与现代文明的内在

▲ 成都东客站西广场　冯荣光摄

▲ 三星堆纵目铜人面具　冯荣光摄

联系。这对"大眼睛"让今天的四川人看到了先人创造古蜀文明的大智慧、大气魄、大手笔。

三星堆，这个位于成都平原北部、广汉鸭子河畔的曾经名不见经传的小地方，1986 年 7—9 月，考古工作者在三星堆遗址发掘出两个商代大型祭祀坑，上千件古蜀国珍贵文物面世，顿时轰动中国，震惊世界。值得注意的是，在三星堆出土的文物中，表现人眼睛的文物数量众多。有数十件眼睛铜饰件，包括菱形、勾云形、圆泡形等。其中一件特大型面具高六十四点五厘米，宽一百三十八厘米，宽嘴巴，大耳朵，额头正中有一方孔，两眼外凸十六厘米，被称为"千里眼、顺风耳"，成为极其珍贵的"国宝"。古蜀人为什么特别重视眼睛，在大量青铜器饰物和面具上对"眼睛"进行极度的夸张和变形？究竟要表达什么呢？究竟包含着什么样的信息呢？

有专家说，这与古蜀人崇拜祖先有关，依据是《华阳国志》："蜀侯蚕丛，其目纵，始称王。"即是说，古蜀人对"眼睛"的青睐，是对蜀王蚕丛"纵目"形象的崇拜。所谓"纵目"，就是眼睛特别突出。在古蜀人看来，具有这种"纵目"特异功能之人就一定是"神"。我相信，古蜀人怀着这样的虔诚，进行图腾膜拜，是有其道理的。

除此之外，还有没有其他象征意义呢？

实际上，古蜀人对眼睛的崇拜，我认为，是对蜀王蚕丛大智慧和想象力的崇拜。那对眺望远方的眼睛，目光中闪动着古老的开放和自信，是一种精神品质的具象化。古蜀立国，蚕丛那时已经看到了蜀地之外的"蓝色的海洋"。从三星堆出土大量象牙、数千枚海贝，"确切说明商代南方丝绸之路已发挥了中国西南与南海地区乃至西方贸易的功能。"①由此看来，古蜀人对眼睛的崇拜，并不单纯限于对古蜀王蚕丛"纵目"形象的崇拜，而是因为蜀王蚕丛"教民养蚕"，促进了蜀地丝绸业的繁盛，开创了蜀地百代鸿业。蜀地所产丝绸"黄润细布"从此开辟了通往南方及古印度，直到土耳其和古埃及的"蜀布之路"。试想，如果没有让"老外"视为"一端数金"极其昂贵的丝绸，怎能换回同样价值连城的象牙、海贝？这条穿越崇山峻岭、涉江过河的阡陌小道，给古蜀国带来了巨大的财富和来自异域的文化交流，当时，古蜀国国力之强大足以和周天子分庭抗礼。有了最古老的"蜀布之路"，才奠定了后来闻名中外的"南方丝绸之路"。

从这个意义上说，古蜀人对蚕丛眼睛的崇拜，实际上是对蚕丛眼光的敬佩。没有蚕桑业和丝绸业，便没有对外的贸易和文化的交流，没有古蜀国的富强。而西方认识中国，也是从认识中国丝绸开始的。蚕丛对古蜀国最大的贡献就是鼓励蚕桑和促进丝绸织业的发展，让蜀地从此成为丝绸之邦而蜚声海内外。三星堆出土的青铜面具"千里眼、顺风耳"真实地表达了古蜀人希望看到蜀地之外的世界，获得蜀地之外的信息，渴望与蜀地之外进行贸易和交流的"蜀国梦"。

"眼睛是心灵的窗户。"成都东客站青铜面具"大眼睛"，作为成都国际大都会的"窗口"，向来自全国各地、世界各国的旅客展示，四川需要了解世界，世界需要认识四川。几千年蜀地经济文化的发展，就是一部"走出去、请进来"的对外开放的国际经济贸易史、世界文明交流史。如今，成千上万的四川人从成都东客站乘高铁走出去，又

---

① 段渝：《南方丝绸之路与中西文化交流》，载《中国社会科学报》第633期。

有成千上万的外地人、外国人乘高铁到四川。一进一出，两股人流在成都东客站交汇，倍感亲切，通过彼此的眼睛便能沟通，便能抵达彼此的心灵。

成都东站这座宏伟的建筑位于成都市成华区保和街道辖区，占地总面积一千零七十五亩，总投资约三十八点三三亿元。东临三环路，北邻迎晖路，南接驿都大道，西连中环路锦绣大道。是国内六大枢纽客站之一，也是中西部最大的铁路客运站之一和西南最大的综合交通枢纽。成都东客站自西向东被划分为西广场、车站站房和东广场三部分。车站建设总量约二十二万平方米，其中客运用房面积为十点八万平方米。

成都东站作为成都东部的"窗口"和"客厅"，是西（安）成（都）高铁、成（都）贵（阳）高铁、沪（上海）汉（武汉）蓉（成都）快铁、成渝高铁、成（都）兰（州）高铁、成（都）昆（明）高铁以及成（都）西（宁）高铁、成绵乐城际列车到发的重要站点，从而构成"省内一小时，西部四小时"的交通经济圈。

成都东站工程于 2008 年 12 月正式动工，2011 年 5 月 8 日已正式投入运营，日平均旅客发送量达二十万人。唯有今天，蜀道通达四方，八面来风，具有两千多年历史文化的名城成都与省内各地、与西部、中部、东部各省区距离是如此之贴近，"串门"访友是如此之方便，都是前无古人的。四川古有"千里眼、顺风耳"，今有动车、高铁"飞毛腿"。真可谓：眼睛"看"到哪里，耳朵"听"到哪里，腿就能够"跑"到哪里。

与沙河堡火车站为邻五十年的邹廷发，拆迁后搬进了"东方新城"新居，他家距成都东站不远，仍然与东站为邻。成都东站建成后，到外地有动车、有高铁，到市内有地铁、有公交，他想上哪儿都十分方便了。最让他回味的是，他和原村里的老哥们一起坐动车到杭州去旅游。五十多年来，这是他第一次出远门，第一次在家门口坐动车。"坐在动车上，太舒服了，一点儿晃动都没有，也没有哐唧哐唧的声音，茶杯里的水一滴都没浪出来。哎呀，回想坐闷罐车那个时代，才好多年嘛，变化就那么大……"邹廷发常常感慨不已。

成都树德小学与成都东站仅隔着一条三环路。五年级一班刘宇轩就住在东客站对面的和美社区万科魅力之城。东客站建设之前，这里多数地段还是农村耕地、城乡交错；短短的几年，这里已成了保和街道辖区人口数量最多、商业最繁华的新型城市社区。刘宇轩在作文《我家就在东客站》中写道：

我家对面那个有着独特青铜面具造型的建筑物，那就是我们成都东部的标志性建筑、规模最大的现代化火车站——成都东站。

没有成都东站之前，我家附近十分的冷清，到了晚上七八点的时候，街上都已经没有什么行人了。自从有了成都东站，我家附近逐渐变得热闹了起来，幢幢高楼大厦拔地而起，现在不论多晚，街道两旁都是灯火通明、热闹非凡；琳琅满目的商品，令人眼花缭乱；美食店里扑鼻而来的香味，令人垂涎三尺。

没有成都东站之前，大家出行选择的交通工具只有汽车，记得以前听爸爸说从成都开车去重庆至少要三个多小时。坐火车要到火车北站，从我们这里过去乘火车很不方便，要转几趟公交车。现在成都东站就在家门口，走过三环路人行天桥就到了。

2011 年初，成都体育中心内天府国际会议中心举办《成都市城乡规划展览》，其中展出了成都东客站沙盘模型。大厅中，沙盘模型十分引人注目，不仅展现了东客站的总平面，还展现了东客站的立体剖面。工作人员打开沙盘模型内部的灯光，通过变幻的不同色彩的灯光，整个车站内部结构，地面、地下和楼层分布晶莹剔透，一目了然。车站站房共五层，地上两层：高架候车层、站台层；地下三层：出站层、地铁二号线站台层和地铁七号线站台层。通过直观的模型效果，人们对这复杂的车站内部有了更为清楚的了解，就相当于 X 光机对人体的透视。

然而，东客站建成使用后，你到车站现场的感觉如同进入了一座巨大的迷宫，模型中的概念完全没有了，对不上号，甚至连方向感也没有了。去年，我到重庆合川参加第七届中国西部散文家论坛，与几位参会的文友约定在西广场进站口等，约定的时间到了，却看不到人。我急了，用手机与他们联系。文友说，出租车将他们送到了东广场，带的行李多，过不来。原来，在车站南北两侧建有高架匝道，出租车和社会车辆可直接将出行旅客和人员送达东广场进站入口处。

从城里出来，在双桥子上高架，出租车司机一般在塔子山拐入直通东站东广场的高架匝道，乘客就只能在东广场下。几个朋友对东客站不熟，只好叫我过去，在东广场等我。从西广场到东广场如果从地面上过去，要从锦绣大道绕道过金马河路铁路跨线桥，起码要走三四十分钟，路不熟还找不到方向。从西广场下电梯到地下出站层，穿过宽敞明亮、长长的出站地厅，再坐两层电梯上到东广场，慢跑急走赶到东广场出站口与朋友汇合，差不多十来分钟时间，这东客站真是太大了。东广场和西广场进站大厅立面几乎是"一个模子倒出来的"，一晃眼，有时还真分不出是东还是西，所以坐出租车一定要向司机事先说明到哪个广场下车。

因地形原因，东、西广场进站口还略有不同。西广场进站口到候车大厅是一个跃层式，还得坐电梯再上一层到候车大厅。东广场进站口，没有跃层式，安检后直接到候车大厅。

进入候车大厅，就有进入机场候机楼的舒适感觉，空间开阔，高轩敞亮、灯火辉煌。候车大厅建筑面积约五点七万平方米，中央为候车区域和配套齐全的餐饮、娱乐、休闲、商务等综合服务设施。候车区分为 A、B 两处检票口，在主通道两侧对旅客进行检票分流。候车区还设置有手机充电站，方便旅客手机充电。

候车大厅每一个检票口都有电梯直通站台。站台共有两个客运车场分区，从西往东依次为达成车场、城际车场。地面有十四座站台供二十六条到发线列车停靠，每个站台十分宽松，并有地面标识，指明出站方向。地面站台有电梯直达地下一层，出站的旅客由此出站。

出站层结合地铁站厅设置了贯穿东西的出站通道。东西两侧是市内公交站和机场专线候车区、出租车候车区，旅客无须出站就能实现与市内公共交通无缝衔接换乘。旅客在此可通过出站通道顺利到达公交站、长途车站、出租车站和社会车辆停车场。从地下出站口出站，迎面就是地铁二号、七号线出入口，旅客转乘地铁到市区和郊区、机场十号线、成都西站四号线都非常方便。

再看看成都东站总体规划区域内的交通组织，更体现了"快捷、畅通"的多功能优势。围绕着成都东客站，形成四通八达、纵横交织、主次道分明的"网格化"地面交通和高架桥、下穿隧道组成的立体交通与三环路、中环路构成东站大交通体系。

横向道路则以四川的江河命名，主道有：嘉陵江路、岷江路、金沙江路、安宁河路、白龙江路；次道有：金马河路、江安河路、大渡河路、湔江路、雅砻江路、渠江路、涪江路、九寨沟路。

纵向道路则以四川的山峰命名，主道有：邛崃山路；次道有：云顶山路、龙门山路、龙泉山路、青城山路、鍪华山路、二郎山路、鹤鸣山路、大凉山路、蒙顶山路、四姑娘山路。

这些新规划的城市道路标准高、质量好，网络交通建成后，形成了进出东客站的十分便捷的公路交通，也为建设中的东部新城核心区奠定了规模。放眼四望，在成都东部保和大地上，一座规模宏大的新兴城市正在飞速地生长，一座座现代化的高楼正在这些道路的两旁如雨后春笋般破土而出，拔地而起。

我们再回头看看，成都东站落地保和街道辖区，街道是如何承接和支持成都东站项目的建设的。

2006 年 1 月 1 日，位于成都市体育中心西北角的成都城市规划展览馆开馆，巨大的沙盘模型将观众的目光带到了城市东部成华区保和街道辖区一带，这是成都东部门户，未来的"城市客厅"，其战略地位再次突现出来，在 21 世纪之初，城市向东发展再一次吹响了进军的号角。

"成都东站"，一个全新的城市建设理念，一个让人惊异的现代化交通枢纽，展现在一个大沙盘上。模型直观、形象，展现了东部即将崛起的大趋势。沙盘上的东站宽阔的广场与塔子山公园绿地联结成一片，高楼林立，绿树成荫。高架与"下穿"，铁路与公路立体交叉，这样大气磅礴的规划，让观众热血贲张，心潮起伏。

保和，保和怎么啦？保和要大变了！激动人心的消息迅速传遍了保和东山。

投资商以其敏锐的嗅觉，感到东部滚滚涌动的商潮。城市居民正在寻找理想的居家之地，"成都东站"概念已刷新了人们居家的旧观念，"坡地生态"居家环境正成为时代新宠，购房市民的目光已锁定在东站。生活在这片热土上的保和辖区农村人，惊异地感觉到他们将会彻底告别昨天，实现"农转非"，成为城市居民。人们欣喜万分地迎接新世纪的曙光，而成都东部通往重庆的成渝高速公路保和境内这一段就叫"迎晖路"，寓意迎接朝晖之路，是巧合，还是天意？总之，保和人迎来了千载难逢的新世纪第一缕温暖和煦的阳光。

成都城市规划展览馆展出新"成都东站"规划设计方案后，立即引起了有关各方的热议。最终，这个方案被否定，取而代之的就是以"青铜面具大眼睛"为标志的现在建成的这个东站方案。关于成都东站的选址，最初的方案是选择在成都绕城高速公路外龙泉驿区西河镇境内，这个方案后来也被否定。成都东站最终落地成华区保和街道辖区，选定在原沙河堡火车站旧址。在城市东部三环路内，这一区域地理优势明显、土地储量丰富、交通组织强大，配套功能完善，是建设大型铁路交通枢纽和东部新城的最理想地方，一片尚未全面开发的处女地。

无可争议，一锤定音。

根据总体规划，东站地区包括保和街道辖区胜利村、杨柳村、东桂村和斑竹村要实施总体拆迁。这四个村过去都是农村生产队，以种植粮食和蔬菜为主，兼有少量的果园和养殖鱼塘。改革开放以后，这四个村有许多本地土生土长的乡镇企业，其中最大的一家是成都东方电力线路结构厂。2000年以后，保和乡、村级结构正在向城市街办、居民社区模式转换，城市化进程加快了步伐，将保和融入东部新城的条件越来越成熟。

远在成都城市规划展览馆展出的"成都东站"规划设计方案之前，东站落地保和的准确信息传到了保和，让保和人兴奋不已。自2004年乡政府改为街道办事处以来，保和地区的面貌日新月异，十余年来，在街道党工委和街道办事处的领导下，以城市化为动力，先后引进万科、首创、阳光100、上海绿地、香港信合、蓝光等一大批全国知名的房地产企业，使保和的风貌发生了翻天覆地的巨大变化，城东新城崭露头角。如今，中国西部最大的交通枢纽成都东站落地保和，更是锦上添花，如虎添翼。为了拆迁工作的顺利进行，街道领导将拆迁任务进行目标管理，将工作重点和拆迁完成的时间都具体落实到街道及社区的具体工作人员的头上，以确保拆迁任务的顺利完成。

2007年12月，东站核心区拆迁工作正式启动，一期占地一千五百三十八亩，拆迁房屋面积约十五点九万平方米，涉及保和街道东虹、斑竹两个社区六个组，共计农户八百三十五户二千九百四十三人、企业三百三十五家，于 2010 年全面完成拆迁，保障了东站站场及市政配套设施建设顺利实施。

2008 年 7 月二期拆迁协议签订工作启动。二期占地二千三百一十二亩，拆迁房屋二十八点五万平方米，涉及保和街道东虹、斑竹两个社区十个组，共计农户一千四百五十四户四千二百四十二人，企业一千二百一十三家。至 2012 年 8 月，农户已签协议的为一千三百零八户，完成应拆迁总户数的百分之九十三点六；企业已签协议的为一千二百零三家，完成应拆迁总家数的百分之九十九点二。

2011 年东站征地正式批文下达后，又启动第三次协议签订工作，并进行人员安置。2012 年、2013 年，又与未签约的三百零六户农户签订了拆迁协议，完成了新客站拆迁协议签订的扫尾工作。2015 年 1 月，新客站安置房"东方新城"一期建成，按协议的规定，每一个拆迁户都分到了属于自己的房子，高高兴兴搬进了新居。

一个个拆迁目标达到了，与东站与之配套的一个个商业地产项目、一个个市政建设项目也在保和东站地区先后落地生根。

2011 年 2 月 1 日，上海长峰集团和新加坡鹏瑞利集团以总价九点九亿元成功摘牌新客站核心区域二百四十七亩商业用地，用于开发建设龙之梦·鹏瑞利新城。上海长峰集团和鹏瑞利集团拟投资一百亿人民币，建筑总面积为一百七十万平方米包括购物中心、精品百货、星级酒店群、甲级写字楼、影剧院、主题公园在内的城市综合体。

东站东广场 A 地块规划为商业及娱乐设施。落户这里的成都龙之梦购物中心规模超级巨大，商业容量将数倍于成都市中心的春熙路商圈。在东广场的建筑群中，将耸立起两座高达三百米的超高层甲级写字楼，而成为成都东部地区的重要地标。新城的 B 地块规划为龙之梦大酒店群落，包括五星、四星、三星及酒店公寓在内，拥有三千六百二十余间客房及会展中心。可容纳五千余人同时入住。新城的 C 地块规划为商业及办公商务设施，D 地块规划为商业及专业市场。在新城的 D 地块上，一座国际养老公寓即将竣工。

2011 年 12 月 20 日，龙之梦·鹏瑞利新城开工，新城中的各个项目正在陆续竣工，交付使用。与此同时，在东站东部新城核心区，通威低碳城、明宇创客广场相继开工；剑恒国际广场、井泰东方广场、佳年华广场等高端商业项目也已入驻。其中，通威集团投资十亿元，建设应用世界领先新能源技术的多晶硅大厦。佳年华广场引进奥克伍德酒店星级酒店，同时引进东芝集团，写字楼被命名为东芝大厦。四川剑恒投资有限公司正在东站片区东至邛崃山路、西至龙门山路、南至金马河路、北至迎晖路的三十八亩土地上，投资十三亿元，打造集现代金融服务业、艺术酒店、精品商业于一体的商业综合体。

2017 年 12 月 6 日，成都地铁七号线通车。这条成都主城区第一条环形地铁，将成都东客站与成都火车北站、成都火车南站三大铁路交通枢纽串联起来了。它像城市的大转盘，与东南西北各个地铁交通节点交汇一起，与地面公共交通站点"无缝"联结，居住在城东的保和人"上天入地"出行更加方便，更加悠游自在。

保和街办有力地支持了成都东站建设，成都东站给保和街道辖区带来了繁荣和财富。成都东站，如同成都东部一扇神奇的窗口，展现出东部新城的万千气象；如同全方位超巨级的 LED 大屏幕，显示出东部新城的五彩缤纷。

　　向东，向东！一百年前，一条古东大路催生了一个保和场，被载入史册；一百年后，一个成都东站催生了一座东部新城，史无前例。这在保和历史上是最值得浓墨重彩书写的鸿篇巨制。

后记

　　历时将近一年多，当我穿越千年历史文化时光隧道，思绪回归到日益喧嚣和沸腾的城市东部，现实生活中那种让人眩晕的变化，常常有恍若隔世的感觉。当我在电脑键盘上敲打出最后一行文字，终于可以舒一口气了。作为功德，此书当可了却一桩心愿了。

　　作为全景式呈现保和前世今生的首部历史人文大散文，其难度是相当大的。遵循历史挖掘的真实性、资料引用的准确性、写作的非虚构性、作品的可读性、知识性和文学性诸多要求，本书秉持这种理念，力图接近读者，将真实、新鲜、可读放在首要的位置上，帮助读者了解历史，寻根溯源，找回记忆，增强文化自信。

　　既是全景式展示保和，有两项工作是绝对需要认真对待和践行的。一是对史料的搜集和研究；二是做田野调查和现场采访。这两项工作既劳心且劳力。文史资料的残缺与不详，或谬误，或有争议；改革开放四十年人文地理环境的巨变，颠覆了东山千年不变的农耕社会肌理；曾经被视为"四旧"的传统文化和历史遗存，被摧毁、被践踏，或支离破碎，或尸骨无存，凡此种种，给寻找真实和还原历史，都带来了相当大的困难。

　　历史人文是一个民族的基因。保和的今生与前世总是血脉相连、不可分割的。然而，随着历史的发展，社会的演变。过去的一切，在城市东部的崛起中，变得越来越模糊。大量来自全国各地的新移民已成为城市东部在人口上压倒多数的新市民，对这座城市的认同还需要时间，人文情感融合还有过程，甚而，还有种种陌生感和不适应。历史人文的基因在静静流失，新老保和的文化重构正处于重要转型时期，地域文化传承面临前所未有的严峻挑战。基于此，本书力图通过对人文历史作抢救性的发掘、梳理、拼接，对历史遗存、民间传说、民俗风情与现状的考察、采访、解读，将保和的来龙去脉梳理了出来，让读者全方位了解保和、认识保和、研究保和，给读者提供一部有重要参考价值的历史人文样本。

好在，在本书酝酿、资料搜集、采访、田野调查和写作过程中得到了方方面面的支持和帮助，也深切地感受到这些支持者、帮助者和不留姓名的采访者对本书的期待，有的还因书结缘成为朋友。这些期待，是我写作的动力，我必须用认真、负责的写作态度来感谢和回报他们，不负他们的厚望。其中甘苦自不待言，一句话：累并快乐着。

我要由衷感谢所有的支持者，感谢他们对成华历史人文基因的敬重和珍惜！

首先，向保和街道办事处深情致谢，采写工作得到了你们全力支持和帮助，才得以顺利进展；感谢徐岚、张林正富有成效的组织、联络工作；感谢张林正不论远近寒暑，陪同我到需要考察、了解的点位现场，或担任讲解，或联系好社区人员现场讲述，为本书的素材积累提供了有力的帮助。

特以致谢: 成都作家孙恪庶先生为本书提供的重要文史资料和《阳川孙氏宗谱》《阳川孙氏留川世系分谱》、市政府参事室孙恪强先生提供的有关树德教育的重要文史资料、保和团结社区冯世根先生提供的《冯氏族谱》和冯家老屋手绘图、华阳余红英女士提供的《黄氏源流》宗谱、成华区方志办尹正老师提供的保和乡修志资料、成都树德小学肖凯校长提供的树德一小有关历史资料、保和团结社区李拳辉提供的其父李光荣树德一小毕业证书和毕业照片。（补记：在我采访后不久，李拳辉于 2018 年 9 月 12 日因病去世）。

　　特以致谢：四川大学锦城学院教授谢天开、《上层》杂志总编、作家林元亨对资料检索给予的热情指导和帮助，并提供有关参考资料。

　　特以致谢：四川省对外文化交流中心特聘研究员林德伟先生对本书提出有价值的建设性意见，并亲自陪同外出跨省以及到海峡对岸进行采访、调研、资料搜集。

　　特以致谢：四川省知名摄影家王晓龙为本书拍摄所需图片。

　　特以致谢：知乡、爱乡的保和（赖家店）本土人士陈开春、李长松、陈开福、杨光福、蒋思友、冷培成、李春林、钟根尧、冯朝蓉、刘大森、包奕明、严亦龙、卢兴波以及冯源宗先生，他们或多次陪同现场调查，或提供采访线索和亲历记文本，或提供手绘赖家店和孙家祠场景图，或提供赖家店的回忆文章和相关图片，或亲自在现场讲述当年的情景，让我受益多多。

　　特以致谢：在田野调查和采访中那些一面之缘，许多不曾留名的采访者，为我提供丰富、生动、新鲜的乡土人文历史素材。

　　特以致谢：为寻找历史遗迹自告奋勇为我带路的淳朴客家人；在炎夏寻访渴累之时，送我矿泉水解渴，端椅让我休息而不索任何回报的山野乡村农妇……

　　采访、田野调查和写作过程是艰辛、孤寂甚至是索然无味的，有时也面临"山重水复疑无路"的困境。这种过程我常常视同朝圣，一步一等身，读者便是心中的"圣"。路漫漫其修远兮，"把心交给读者"，修成功德，不亦乐乎！

　　毋庸讳言，本书也会受到写作上的诸多局限，留下遗憾、疏漏之处或不尽如人意之处，敬请读者和方家不吝赐教。

冯荣光

2018 年 11 月 28 日于成都东山